Impressum

© 2019 Anja Mack & Lothar Franz

Umschlaggestaltung, Illustration: Anja Mack & Lothar Franz
Lektorat, Korrektorat: Anja Mack & Lothar Franz
Übersetzung: keine
Herausgeber: Anja Mack & Lothar Franz
weitere Mitwirkende: keine

Verlag und Druck: tredition GmbH, Halenreie 40 - 44, 22359 Hamburg

ISBN Taschenbuch: 978-3-7497-1232-8
ISBN Hardcover: 978-3-7497-1233-5
ISBN e-Book: 978-3-7497-1234-2

Bibliografische Information der Deutschen Nationalbibliothek:
Die Deutsche Nationalbibliothek verzeichnet diese Publikation in der Deutschen Nationalbibliografie; detaillierte bibliografische Daten sind im Internet über
http://dnb.d-nb.de
abrufbar.

.... dass immer erst etwas passieren muss in unserem Leben, damit wir erkennen, dass wir etwas verändern müssen, sollten oder dürfen. Ich wähle bewusst diese Worte, denn nicht jeder ist bereit, den Preis dafür zu bezahlen.

„Es ist nie zu spät, den Weg der Liebe zu gehen."

„Ich dachte immer, dass die Umstände schuld an meiner Misere sind: die Firma, die anderen Menschen, Familie oder Freunde. Heute weiß ich, dass ich allein für mein Leben verantwortlich bin."

Anja

Anja Mack & Lothar Franz

Anja Mack ist 31 Jahre jung und wurde im wunderschönen Ebersberg geboren. Früher träumte sie davon, Hotelfachfrau zu werden, was sie letztendlich auch umsetzen konnte. Über viele Umwege hat sie das Schreiben nun für sich entdeckt und nebenbei eine Ausbildung zur Ayurveda Therapeutin gemacht. Aktuell arbeitet sie daran, als Sex Coach durchzustarten.

www.anjamack.de

https://anja-mack.business.site

www.meilenstein-erleben.de

Anliegen von Anja Mack:

Schöpfer seines Lebens zu sein ist etwas Wunderbares. Ich bin der festen Überzeugung, dass Du Dir alles erschaffen kannst, was Du willst. Denn es ist Dein Geburtsrecht, glücklich zu sein. Doch wie es im Leben so ist, wir müssen den Dingen schon eine gewisse Aufmerksamkeit schenken, damit es zu einer unterstützenden Kraft in unserem Leben werden kann.
Beachtung schafft Verstärkung – das gilt gerade auch für die Teilbereiche in Deinem Leben, die nicht so gut laufen oder in denen man etwas Schlimmes erlebt hat.

Schöpfer seines Lebens zu sein ist schön!

Ich widme dieses Buch

Meinem Vater und meiner Mutter:

Ich liebe Euch von ganzem Herzen und heute weiß ich, Ihr habt zu jeder Zeit nur so gehandelt, wie es Euch möglich war.

Und ich widme es:

Meiner Schwester Barbara Mack, ich liebe Dich von

ganzem Herzen

Und Dir lieber Leser, denn Du machst es erst zu dem, was es ist.

Danke!

Eine Bitte an die Leser:
Ich bin Dir zutiefst dankbar, für Dein Vertrauen. Deine Entscheidung, die Du getroffen hast, Schöpfer Deines Lebens zu sein, zeigt mir, dass es Dir wichtig ist, Deine jetzige Situation zu verändern – **und** dass Du bereit bist, etwas dafür zu **tun.**

Es ist schade...
...dass immer erst etwas passieren muss in unserem Leben, damit wir erkennen, dass wir etwas verändern müssen, sollten oder dürfen. Ich wähle bewusst diese Worte, denn nicht jeder ist bereit, den Preis dafür zu bezahlen.

Schöpfer seines Lebens zu sein ist schön!
Schöpfer seines Lebens zu sein ist etwas Wunderbares. Ich bin der festen Überzeugung, dass Du Dir alles erschaffen kannst, was Du willst. Denn es ist Dein Geburtsrecht, glücklich zu sein.
Doch wie es im Leben so ist, wir müssen den Dingen schon eine gewisse Aufmerksamkeit schenken, damit es zu einer unterstützenden Kraft in unserem Leben werden kann. Beachtung schafft Verstärkung – das gilt auch für die Teilbereiche in Deinem Leben, die nicht so gut laufen oder in denen man etwas Schlimmes erlebt hat.
Schöpfer seines Lebens zu sein ist schön!

Anjas Wunsch:
Ich möchte dazu beitragen, dass Du Dir bewusst machst, wie wichtig es ist, dass DU Regie führst in Deinem Leben. So musst Du Dir der Dinge erst bewusstwerden, die Dich fast zerstören, die Du erschaffen hast. Erfahrungen, die Du machen darfst, um zu wachsen. Denn jeder verdient ein außergewöhnliches Leben.

Darum möchte ich mit diesem Buch bewirken, dass Du

1. Wieder Lebensfreude entwickelst.

2. Dir Mut machen, dass selbst aus der schwersten Erkrankung, einem traumatischen Erlebnis oder einer persönlichen Tragödie – einem Schicksalsschlag, inneres Wachstum und Heilung entstehen kann.

Warum mir dieses Thema am Herzen liegt? Ich war auch Opfer, habe mir meine Situation selbst erschaffen, habe Umstände selbst kreiert, wäre fast daran kaputt gegangen. Doch ich traf eine Entscheidung. Ich möchte Frauen und Männern, denen Gewalt widerfahren ist, Mut machen, für sich einzustehen. Ihnen wieder Mut geben, **NEIN** zu sagen. **Nein** sagen, zu etwas, das man nicht möchte, bedeutet, man sagt **Ja zu sich und seinen Bedürfnissen.**

Inhalt

*Liebe Leserin und Lieber Leser, woran hängt Dein Herz? Was kann die Lösung sein in einer Welt voller Kälte und Einsamkeit? Anja und ich sind davon überzeugt, dass dies immer nur die Liebe sein kann. Liebe überwindet Hass und Einsamkeit. Liebe geschieht nicht mal eben, sozusagen nebenbei. Nein, Liebe darf geübt werden. Mahatma Gandhi hat einmal gesagt, dass das Prinzip von „Auge um Auge" die Welt erblinden lässt. Deshalb ist die Liebe wie ein Hoffnungsstrahl, wie ein Regenbogen nach einem Gewitter. Demgegenüber gebiert Gewalt **immer** Gegengewalt. Wir wünschen Dir dieses Wagnis, einzustehen für Gerechtigkeit und Freiheit. Nicht im Machtmissbrauch, sondern im Dienen liegt die Zukunft unserer Welt.*[1]

Lothar Franz

Vor einigen Wochen durfte ich 60 Jahre alt werden. Durch Gesundheitliche Probleme bin ich nun seit einigen Jahren Erwerbsminderungsrentner. Vor 10 Jahren geriet ich in eine Sinnkrise und ich fragte mich, ob dies schon alles in meinem Leben gewesen war. Ich merkte, wie der Wunsch immer stärker wurde, anderen Menschen zu helfen, ihr Leben selbstbestimmt zu gestalten. Nach einem Fernstudium als Psychologischer Berater schrieb ich meine Diplom-Arbeit über das Thema „Familienaufstellungen". Es folgten Weiterbildungen zum Systemischen Berater und Systemischen Coach, bevor ich dann noch Trauma-Therapeut wurde. Ich berate sowohl Einzel-Klienten als auch Paare und liebe meine Arbeit. Im November 2017 erschien mein erstes Buch unter dem Titel: „Sklaverei und moderner Menschenhandel – Schrei nach Freiheit und Gerechtigkeit". Ich bin verheiratet und Vater von 5 großartigen Mädels. Wir sind mehrfache Großeltern und genießen es, Zeit mit unseren Enkeln zu verbringen.

Welche Gedanken beschleichen Dich, wenn Du an den Begriff „Macht" denkst? Die Machtausübung bedeutet, dass es einen Menschen gibt der „oben" ist und einen Menschen, der beherrscht wird. Ein Synonym von Macht ist, dass da jemand ist, der Einfluss ausübt. So hat der Staat die Macht, Gesetze zu erlassen, die der Allgemeinheit dienen, oder auch Menschen schaden können. Wenn ich spüre, dass Menschen, denen ich begegne, übermächtig sind, fühle ich mich klein und ohnmächtig. Ein Gefühl der Enge entsteht in meiner Brust, Angst, Trauer und Wut bahnen sich ihren Weg. In absolutistischen Gesellschaften korrumpiert die Macht und bringt Gewalt hervor. In Unternehmen und Parteien entstehen Machtkämpfe. Wunden werden geschlagen und heilen nur sehr langsam, wenn überhaupt. In der radikalsten Ausprägung bedeutet Macht Terror von einzelnen Personen oder ganzen Gruppen. Verschiedene Bevölkerungsgruppen werden unterdrückt, wie das zum Beispiel bei Juden, Homosexuellen und Behinderten im sogenannten „3. Reich" der Fall war. Furcht und Schrecken waren an der Tagesordnung. Die Diktatur verbreitete ihre Macht unbarmherzig und selbstherrlich aus. In unserer

---

[1] Bei den kursiv gedruckten Beiträgen handelt es sich um wörtliche Zitate. Bei Männlicher bzw. Weiblicher Anrede ist immer auch das andere Geschlecht gemeint.

Leistungsgesellschaft üben Menschen Macht über andere aus, wenn sie über Reichtum verfügen. Jesus hat in diesem Zusammenhang einmal vom „Mammon" gesprochen und meinte, dass wir die Machtverhältnisse verschieben, wenn wir diesem Gott dienen. Auch der Volksmund beschreibt diesen Zustand, wenn wir hören: „Je mehr er hat, je mehr er will." Dies relativiert sich dann, wenn wir erinnert werden, dass das „letzte Hemd keine Taschen hat."

Ich widme meinen Anteil an diesem Buch Sophie Hügel, Julia Gerner und Anja Mack. Vielen Dank für die gemeinsame Zeit.

Prolog Lothar Franz

Du bist eine einmalige Schöpfung. Niemand auf dieser Welt ist so wie Du. Niemand denkt, redet, schweigt, lacht und weint so wie Du. Du bist ein Original, keine Kopie. Ich wünsche Dir sehr, dass Du diese Einmaligkeit leben kannst. Sie eröffnet Dir einen weiten Horizont in der Annahme Deiner Schwächen und Stärken. Der Kirchenvater Augustinus hat einmal gesagt: „Liebe – und tu was du willst". Ja, in dieser Welt gibt es sehr viel Machtmissbrauch in den unterschiedlichsten Bezügen. Einigen Fällen gehe ich Schlaglichtartig auf den Grund. Ich freue mich sehr, dass Du mit uns auf Spurensuche gehst. Ich gebe zu, dass der Weg steinig ist, aber es lohnt sich.

Anja hat eine perfide Art von Machtmissbrauch erlebt, geht aber nun IHREN ganz eigenen Weg. Sie ist nicht mehr länger das Opfer, sondern sie kreiert ihr Leben. Damit ist Anja so etwas wie eine Seelenverwandte, denn auch ich war schon oft genug Opfer in meinem Leben. Vielleicht hat es bei mir etwas länger gedauert, bis ich mich davon verabschieden durfte. Da hat wohl jeder sein Tempo. Über eines bin ich mir ganz sicher: Wenn Du dieses Buch gelesen hast, wirst Du nicht so bleiben wie Du bist.

Wir leben in einer digitalisierten Welt – ob wir das wollen, oder nicht. Wer schickt heute noch einen Brief per Post? E-Mail, WhatsApp, SMS oder Facebook bestimmen unser Leben. Wir sind einer Flut von Informationen ausgesetzt und jeden Tag kommen neue hinzu. In seinem Roman „1984", der bereits im Jahr 1948 erschienen ist, schildert George Orwell die düstere Vision eines totalitären Überwachungsstaats. Wenn wir darüber nachdenken, welche persönlichen Daten gespeichert werden, müssen wir feststellen, dass diese Vision längst Wirklichkeit ist. Neue Begriffe wie: „Cyberstalking" oder „Cyber-Mobbing" machen die Runde. E-Mail-Adressen und Kreditkarten werden „gehackt" und mit Nennung von Anschriften und Telefonnummern öffentlich präsentiert. In den Unternehmen ist der „gläserne Mitarbeiter" Machtinstrument der Bosse. Die Kreativität der Mitarbeiter ist nicht gefragt, in Zeiten des „Corporate Identity" wird alles gleichgeschaltet. Wenn ein Jäger auf der Pirsch ist, dann jagt er das Wild. Die Hunde hetzen das Wild, bis es erschöpft zusammenbricht. So ist es im übertragenen Sinn auch, wenn Personen Stalking erleiden. Menschen werden zur Treibjagd freigegeben.

Ich bin davon überzeugt, dass Machtmissbrauch die Grundlage für Stalking, Mobbing und Cyber-Mobbing ist. Dieser Machtmissbrauch reicht in alle Bereiche unserer Gesellschaft. Besonders betroffen sind Politik, Unternehmen und Kirchen, aber auch die Beziehung zwischen Mann und Frau – immer noch!

So möchten wir Dir Mut machen, auch Deinen Weg zu suchen, ihn zu finden und ihn dann zu gehen. Denke immer daran: **Die Liebe ist größer!**

Kapitel 1: Anja Mack

Ich muss verrückt sein, dass ich dieses Buch schreiben werde, das war mir schon seit einiger Zeit klar. Doch habe ich immer wieder eine Ausrede dafür gefunden, warum ich es aufschieben kann oder gerade nicht der richtige Zeitpunkt dafür ist. Es war an einem Donnerstag. Ich war mit meiner Freundin in der Sauna. Spürte ich die Anspannung der letzten Woche, gar Monate, ja gar vom ganzen letzten Jahr auf meinen Schultern lasten. Es ist nun mehr als ein Jahr her, seit mein Stalking Fall bei der Polizei liegt. Es gibt ein kundiges Aktenzeichen, doch keine Ahnung, ob daraus noch ein Verfahren wird oder nicht. Spielt auch keine Rolle, denn in mir wuchs jeden Tag mehr der Gedanke, dieses Buch zu schreiben. Ich habe mich vor einem Jahr selbstständig gemacht, unter den wohl ungünstigsten Voraussetzungen, die man sich nur vorstellen kann. Alle haben gesagt, dass das zum Scheitern verurteilt ist. Mir kam es so vor, als wollten mich alle scheitern sehen.

Heute weiß ich, dass es die pure Angst einer Familie ist, einen Menschen zu verlieren. Denn jeder weiß, wenn man sich selbstständig macht, lernt man jeden Tag neue Dinge dazu und muss jeden Tag aus seiner Komfortzone gehen. Jeden Tag verändert man sich, denn man wächst in diese Rolle hinein. Für mich war es das größte Geschenk überhaupt. Doch ich habe mehr funktioniert, als dass ich mich noch gespürt habe.

Ich habe vergessen wer ich bin, was ich bin und meine Familie hatte einfach nur Angst, ich würde mich in etwas verrennen oder es einfach nicht schaffen. Eines habe ich in der Zeit gelernt, es war die wohl härteste Lektion, die ich lernen durfte: Hab keine Erwartungen an andere und hör nie niemals auf an Dich zu glauben.

Der 09. Januar 2019 rückte immer näher, heute ist es genau ein Jahr her. Ich komme mir vor, als würde ich zwischen den Stühlen sitzen. Die Justiz ist so langsam, sagte man mir bei der Staatsanwaltschaft. Es könnte bis zu zwei Jahre dauern, bis sich etwas tut in diesem Fall. Das ist für Betroffene ein Schock.

Ich habe viel bewegt in diesem Jahr, viel an mir gearbeitet und doch verschwand diese Ungewissheit und diese innere Zerrissenheit nicht. Ich war lange nicht mehr so unruhig und so nervös, wie in diesen Tagen. Ich war jeden Tag durcheinander. Ich war müde und spürte, ich war am Ende meiner Kräfte. Ich wollte diese Last nicht mehr tragen und aushalten wollte ich Sie auch nicht mehr. Ich wollte wieder diesen Frieden in mir spüren, diese Ruhe, die Freude, stattdessen weinte ich viel. Eigentlich weinte ich jeden Tag. Ich wusste auch nicht, warum.

Ich hatte mir das alles doch etwas einfacher vorgestellt, als es wohl ist. War ich die letzten Monate so voller Energie und eigentlich erfüllt. Ich dachte, ich stampfe ein Projekt nach dem Anderen aus dem Boden, war voller Energie und voll motiviert und auf meine Ziele fokussiert.
Plötzlich wie aus dem Nichts, dreht sich alles um. Es war ein Impuls, der mich so einholte wie kein anderer.

Es war an einem schönen Donnerstag Ende Januar. Ich kam nach Hause und es stand ein Blumenstrauß auf dem Tisch. Es war ein wundervoller Strauß, doch etwas störte mich. Es war kein Absender drauf, nur eine anonyme Karte, mit den Worten: „Wenn einem die Worte fehlen, schickt man Blumen, schön dass es dich gibt, Anja."

Mir gefror das Blut in den Adern, es war als wäre mir die Situation wieder vor Augen, als ich im Sommer 2018 auch anonyme Blumen bekam und es schoss mir wie Blitze vor die Augen. Mir fiel nur eine Person ein, die mir anonym Blumen senden würde.

Es war als würde binnen einer Sekunde alles unter mir zusammenbrechen. Ich spürte, wie mir die Farbe aus dem Gesicht wich. Ich spürte wie mir der Schlüssel, die Tasche, alles aus der Hand fiel. Ich ließ einen Schrei los, der mir durch Mark und Bein fuhr. Ich sackte einfach zusammen.

Da saß ich nun, weinte - es war mehr ein tieftrauriges Schreien und Wimmern einer verzweifelten Katze als irgendetwas anderes. Ich muss für Stunden dagesessen haben. Immer wieder hallte nur ein Gedanke in meinem Kopf: Wieso dauert alles solange.

Ich kann es nicht mehr aushalten. Ich hatte immer nur ein Bild im Kopf, dass ich seit einem Jahr an diesem Abgrund hänge und mich an einem dicken Baumstamm festhielt. Ich hatte Angst loszulassen, ich hatte Angst zu fallen. Doch ich habe mich lange gehalten und plötzlich war da diese Stimme in mir: „Endlich hast du es verstanden, loszulassen.

Lass Dich fallen, lass Dich endlich fallen, es ist ok. Geh durch die Angst und es wird etwas Wunderbares passieren."

Ich dachte ich wäre schon durch diese Angst gegangen. Ich dachte ich hätte schon genug an mir gearbeitet, doch wie es scheint, war dem wohl nicht so. Ich hatte nur an der Oberfläche gekratzt. Doch war ich nie an den Wesenskern gekommen.

Ich hatte **mich** völlig vergessen. Mich aus den Augen verloren. Ich habe nur funktioniert und jetzt war mir auch klar, das konnte nicht mehr gut gehen. Wieder war die Stimme in mir: „Du kannst nicht da hängen und glauben, dass Du so weitermachen kannst wie bisher. Ich habe dir schon mal gesagt, wenn Du Dir die Zeit nicht nimmst holen wir sie uns. Du hast gerade nur eine Aufgabe: Schreib Dein Buch, komm zur Ruhe und lausche mir.

SEI einfach mal allein mit Dir, genieße Dich, gebe Dich Dir und dem Leben hin, nimm es an und fühle in Dich, spüre Dich wieder.

Jetzt bist du gefallen. Du bist gerade mehr eine Maschine und machst es allen anderen Recht, nur nicht Dir. Doch dabei geht es jetzt mal nur um Dich. Der Druck muss abfallen, das Tun muss in Leichtigkeit hinübergehen. Du wirst gehalten und getragen, es geht nicht immer darum, dass Du etwas leisten musst.

Die Männliche Energie ist Dir so vertraut, doch die Weibliche gilt es jetzt zu Leben. Genieße Dich und sei einfach DU."

Es überkam mich, ich hörte die Stimme, doch ich konnte nicht aufhören zu weinen. Plötzlich waren da Arme, die mich hielten. Es war meine Mama, die sich zu mir auf den Boden setzte und mich einfach festhielt. Ich habe nur irgendwann geschrien: „Woher kommen diese Blumen?" Ich habe es wieder und wieder geschrien. Ich spürte nur noch einen Stuhl und jemand, wie er mir eine Tasse Tee hinhielt. Ich weiß nicht, wie lange ich dagesessen habe. Ich weiß nur, dass sich in mir ein Dialog abspielte.

Wieder war da diese Stimme...
„Ich schaue mir das jetzt schon eine ganze Weile an, Du bist nur im TUN. Das ist schon so extrem, dass Du Dich schon gar nicht mehr spürst. Da ist so viel Druck auf deiner kleinen Brust und dem kleinen Herzen, dass es förmlich zerspringen will. Doch Du spürst es nicht mal. Jetzt ist es gut, jetzt fühlst Du den Schmerz!"

Ich konnte den Schmerz spüren, konnte spüren, dass es so weh tat in meiner Brust und dass es mich förmlich von innen zerrieb. Ich war so unendlich traurig. Es war wie Regen, doch dieser Regen hielt ganze drei Wochen an. Ich weinte ständig und wusste nicht, warum.

Doch ich merkte ich, dass ich zur Ruhe kommen möchte oder muss, sonst würde mein Körper mich nochmal gegen die Wand fahren, so sehr kämpfte er darum, gehört und gespürt zu werden.

Es folgten Wochen, in denen ich so durcheinander war wie nie. Ich hatte das Gefühl, dass mein Kartenhaus ist nun endlich zusammen gefallen.
Ich brauchte Tage, um dieses Gefühl annehmen zu können, dieses extreme Gefühls- und Gedankenchaos darf jetzt einfach da sein. Ich brauchte Zeit, mich neu zu ordnen.
Doch hatte ich keine Ahnung, wie und wo ich anfangen sollte.

Meine Familie wusste, dass es zu viel war und auch meine Freunde verstanden sofort, dass es Zeit war. Hatte ich ja schon vor einem Jahr mit so einem Ausbruch gerechnet, doch es war, als hätte ich es mir verboten. Als hätte ich mir verboten, dass es so sein darf.
Schwäche zu zeigen, geht doch mal gar nicht.

So kannte ich es jedenfalls von klein auf.

Nun bekam jeder mit, dass auch ich mal Hilfe brauche, doch konnte ich keinem erklären, was los war, denn ich wusste es ja auch nicht. Ich war so durcheinander.

Nach drei Wochen war die Stimme immer noch da.
Sie schrie immer lauter: „Hallo, hast du mich immer noch nicht verstanden. Fahr jetzt an den Flughafen und buch dir eine Woche Türkei! Nur Du, Strand und dann schreibe."

Jedes Mal, wenn ich die Stimme vernahm, kam wieder die Angst. Ich kann doch jetzt nicht eine Woche Urlaub machen? Wer soll das denn bezahlen? Was ist mit der Arbeit, Kunden, Coachings, Business Aufbau etc.?

Ich wurde von Tag zu Tag, den ich länger wartete, unruhiger. So kam es, dass ich am 10.02.2019 endlich meinem Gefühl nachging, an den Flughafen fuhr und einen Flug mit Hotel in die Türkei buchte.

Zwei Tage später saß ich im Flieger und je näher ich meinem Ziel in Izmir kam, desto ruhiger und ruhiger wurde ich.

Hier sitze ich nun allein und verlassen als Einzige am Strand und schreibe. Der Wind bläst mir ins Gesicht und die Wellen sind friedlich. Jede Minute, die ich hier sitze, verspüre ich mehr Dankbarkeit, denn je und einen tiefen inneren Frieden. Alles wird gut.

Kapitel 2: Anja Mack -Meine Geschichte -

Mein Name ist Anja Mack. Vor zwei Jahren habe ich mir meinen Stalker erschaffen. Ja, Du hast richtig gehört. Ich habe diesen selbst erschaffen. Wie, das erzähle ich Dir später noch. In diesem Zusammenhang würden Lothar und ich uns über ein Feedback freuen, welche Erfahrungen Du mit dem Thema Machtmissbrauch gemacht hast. Hier und jetzt geht es mir darum, Dir zu zeigen, wie ich aus dieser Opferrolle ausgestiegen bin und nun Schöpfer meines Lebens wurde.

Sicher kennst Du die Momente, in denen Du einen Mann oder eine Frau kennenlernst. Es ist eine Begegnung. Man unterhält sich. Tauscht sich aus. Findet heraus, dass man gemeinsame Interessen hat, entdeckt Ähnlichkeiten. Es entwickelt sich eine Beziehung. Man fängt an, dem Gegenüber zu vertrauen. Man glaubt, man kennt die Person. Man vertraut der Person.

Bei mir war es am Anfang nur eine Bekanntschaft. Doch aus dieser wurde dann Freundschaft. Freundschaft kann meiner Meinung nach nur entstehen, indem ich dem anderen vertraue. Man erzählt sich gegenseitig Dinge von sich, vertraut einander Dinge an, die man einem Bekannten oder Jemanden, den man vielleicht nicht so gut kennt, nicht sagen würde. Freundschaft kann man nicht erzwingen, diese darf sich entwickeln. Dafür braucht es Zeit und gegenseitiges Vertrauen.

So vergeht die Zeit, jeder lebt sein Leben, hat Hochs und Tiefs. Man teilt diese Erfahrungen. Sicher kennst Du das Gefühl auch, Dir liegt etwas auf dem Herzen. Dein Umfeld verändert sich, ab und zu kommen Menschen in Dein Leben, die scheinen mit Dir auf gleicher Wellenlänge zu liegen. Man versteht sich, man hat das Gefühl, man wird verstanden. Man fühlt sich verstanden. Dieser Person erzählt man mehr als vielleicht einem Menschen, den man schon sein Leben lang kennt. Wieso das so ist? Weil ich in dem Moment nach etwas ganz Besonderem gesucht habe. Vielleicht Aufmerksamkeit, dieses Verstanden werden. Diese tiefgründige Art, mit jemanden reden zu können.

Doch in Wirklichkeit war es viel mehr, nachdem ich gesucht hatte. Man tauscht sich aus. Freundschaft ist für mich, dass ich meinem Gegenüber alles erzählen kann. Dass ich darauf vertraue, er oder sie sind ehrlich. Sei es der Name, sei es deren Geschichte oder gar die ganze Identität, wer er oder sie ist / war.

Denkst Du, dass Du alles über die Person weißt, mit der Du Dich unterhalten hast? Du glaubst die Geschichten, die man Dir erzählt. Glaubst zu wissen, die Person zu kennen. Doch dann kommt der Tag, an dem Du feststellen musst, dass alles eine Lüge war. Die Person existiert nicht so, wie Du sie kennengelernt hast. Die äußere Frau oder der äußere Mann mag zwar darauf hinweisen, dass es eine Frau oder ein Mann ist. Doch durch ihr oder sein Geschick war alles nur erfunden. Ein ausgeklügelter Plan, der sich dahinter verbarg.

Es war nichts echt. Über zwei Jahre wurde man belogen, benutzt und ausgehorcht. Man trampelte auf Deinen Gefühlen herum, erzählte Dir Geschichten und all das, was Du eigentlich hören wolltest und wonach Du gehofft und insgeheim auch gesucht hattest bei der Person. Du hast der Person vertraut. Hast ihr Deine Geschichte vielleicht erzählt, hast ihr in Deiner Gutgläubigkeit Sachen erzählt, wo Du Dir jetzt denkst, scheiße wieso habe ich das nicht gemerkt.

Menschen können blenden, sie können sich als perfekte Schauspieler inszenieren. Kann man das merken? Ja, manche früher, manche später. Habe ich was gemerkt? Ja, erst als ich mich meiner Freundin anvertraute. Sie sagte mir, Anja das klingt mir alles zu komisch. Gemeinsam mit ihr fand ich heraus, dass es diese Person, die ich geglaubt habe zu kennen, nie gegeben hat. Es war alles eine Lüge, die mir erzählt wurde. Ein Geflecht aus Lügen, mit nur einem Zweck, mich zu hintergehen und mich zu zerstören. Macht auszuüben oder die Langeweile zu vertreiben.

Dann fing das ganze Drama erst an. Als ich der Person dahinterkam, war es für mich wie ein Schlag ins Gesicht. Es war, als würde ich den Boden unter den Füßen verlieren. Von Anfang an war es Freundschaft für mich. Diese wuchs und wuchs. Ich war mir sicher, es könne eine Freundschaft mit Bestand sein, doch oft hatte ich auch ein ungutes Gefühl dabei. Doch ich habe nicht darauf gehört. Ich habe es förmlich ignoriert. Und plötzlich stellst Du fest, erstens, die Person gibt es nicht. Sie hat Dich belogen von vorne bis hinten, aus welchem Grund wusste ich bis zu dem Zeitpunkt nicht.

Eines wusste ich, für die Person war es schon nach kurzer Zeit keine Freundschaft mehr. Er hatte Gefühle entwickelt. Er hatte Angst, dies zu sagen. Hat sich quasi hinter seinen Geschichten versteckt und jeder, der schon gelogen hat, weiß, früher oder später kommen selbst die größten Lügen auf. Manche nie, doch diese wurde von mir selbst aufgedeckt. Ich habe das gemerkt und es angesprochen. Ich habe mir offen angehört, was er denkt.
Er war jedoch nie ehrlich zu sich und zu mir, hatte wohl Angst vor der Zurückweisung. Was dann auch passierte.

Ich habe klare Grenzen gesetzt und sagte ihm, dass ich keine feste Beziehung will und mir dies auch niemals vorstellen kann. Unter diesen Umständen schon gar nicht mehr. Denn wenn man Dich zwei Jahre anlügt, wie kann jemand dann noch erwarten, eine weitere Chance zu bekommen? Sicher er oder sie kann hoffen, doch diese Hoffnung machte ich ihm zunichte. Unter den Umständen kann kein Vertrauen mehr hergestellt werden.

Missbrauche ich das Vertrauen einer Person derartig, dass ich sie hintergehe, sie verletze und das nach allen Regeln der Kunst, kann man vielleicht irgendwann noch verzeihen. Doch dann ist man froh, wenn man von der Person nie mehr etwas hört oder gar sieht. Ich vertrat also meinen Standpunkt und sagte NEIN, mehrfach.
Was passiert, wenn ein Mann kein Nein versteht? Er fühlt sich gekränkt, zurückgewiesen, ist verletzt, verärgert. Glaubt, Du magst ihn nicht. Liebst ihn nicht. Du nimmst ihn nicht wahr. Du schämst Dich dafür.

Er will Dir weiß machen, dass Du Deine Gefühle unterdrückst. Er wird Dir sagen, dass sich das entwickeln wird. Du machst ihm wieder klar, NEIN. So stellst Du Dir eine Beziehung nicht vor!

Du sagst wieder, er soll Dich in Ruhe lassen! Er versteht es wieder nicht. Wird aufdringlicher. Du brichst jeglichen Kontakt ab. Er zieht sich zurück. Du denkst, es ist nun Ruhe. Doch er ändert lediglich die Taktik. Schickt Dir plötzlich Geschenke, Schmuck, Blumen, Briefe. Er glaubt, es würde etwas helfen. Doch selbst dieser emotionale Missbrauch hat schon was bei Dir zerstört.

Ich bin eine starke Frau und habe gewusst, so nicht, nicht mit mir. Grenzen aufzeigen, darum geht es. Doch was, wenn jemand diese immer wieder überschreitet? Er will sich versöhnen, will eine 2.te oder gar 3. Chance haben. Du verstehst die Welt nicht mehr, hast das Gefühl, spinnst Du jetzt, oder er? Er redet Dir ein, Du schmeißt alles weg, als wärt ihr füreinander bestimmt. Du denkst Dir: Wie, wir sind für einander bestimmt?

Wovon redet dieser Typ? Jetzt erst wird Dir wirklich bewusst was Du für einen Mann in Dein Leben gezogen hast. Jetzt erst wird Dir bewusst, wie unberechenbar er wird. Du bekommst Angst. Verlässt mit der Angst das Haus, in der Hoffnung, nicht schon wieder Blumen oder Briefe von ihm zu erhalten. Nicht schon wieder eine Nachricht, ein Anruf oder gar einen Besuch.

Du schämst Dich dafür, dass ausgerechnet Du an den falschen Mann geraten bist. Dieser Gedanke fängt an, Dich zu quälen. Tag und Nacht denkst Du darüber nach, wieso das passiert ist? Wieso ausgerechnet Du auf den Typen reingefallen bist?. Wieso hast Du zwei verdammte Jahre nichts gemerkt? Wieso Du es nicht früher hättest rausfinden können? Wieso Du es nicht eher Deiner Freundin erzählt hast? Noch hoffst Du, dass er anfängt, Dich in Ruhe zu lassen.

Du fragst bei der Polizei nach, ob man dagegen etwas tun kann? Die Antwort willst Du nicht hören. Hilflosigkeit macht sich breit, Ohnmacht. Ich habe mich gefragt, wieso schäme ich mich dafür, einem Mann vertraut zu haben, der mich nur belogen hat und mich eigentlich krankhaft besitzen wollte. Sein genaues Motiv kannte ich zu dem Zeitpunkt noch nicht, auch nicht, dass ich es herausfinden würde. Ich war wütend auf mich, auf die Welt, auf Alles. Ich suchte die Schuld im Außen und fühlte mich als Opfer. Jedoch auch beschämt, es Jemandem zu erzählen.

Wie oft treffen wir Menschen gerade als Single, wenn wir auf eine Party gehen. Der erste Blick-Kontakt, das Herz und der Puls gehen schneller und man hat vielleicht Schmetterlinge im Bauch. Würde man hier schon vermuten, dass vor einem ein Mann steht, der vielleicht eine kriminelle Energie hat? Psychisch gestört ist? Ein Psychopath ist? Ich sage Dir, nein. Denn das sind perfekte Schauspieler. Ab dem Zeitpunkt ging es los mit der Spirale der Selbstzerstörung. Meine Gedanken kreisten darum, und ich fragte mich: Hat er es verstanden? Angst, er meldet sich wieder. Angst, er würde vor der Türe stehen. Angst, er lauert Dir auf.

Ich bekam Schlafstörungen. Frage nicht, wie meine Arbeit darunter litt. Ein wenig? Denn wenn ich was kann, dann Performen. Auch im Business und das mit einer Professionalität, die ich mir schwer erarbeitet habe. Das machst Du ein Jahr, vielleicht zwei, länger nicht. Eigentlich wollte ich es nur noch vergessen. Ich wollte, dass er verschwindet, mich in Ruhe lässt. Du sagst aber Niemandem etwas. Ich dachte, das sollte ja reichen und würde sich von allein lösen. Meine Freundin wusste es dann schon.

Von der Polizei hatte ich erfahren, dass ich nicht viel tun kann. Also gab ich mich damit zufrieden. Denn ich wusste sehr wohl, wenn ich mehr Energie hineingebe, wächst es weiter und er gibt nie Ruhe. Doch was tun, wenn es sich schon in Dein Unterbewusstsein gefressen hat? Ich schämte mich dafür, was passiert war. Und das nur, weil ich dem falschen Mann vertraut hatte. Doch das kann immer passieren, dachte ich. Eine Lappalie? Schließlich ist ja noch nix passiert, außer dass er Dich angelogen hat.

Wieder reiße ich mich einfach nur zusammen. Schlucke jede Emotion hinunter. Tage vergehen, Wochen, Monate. Du lebst Dein Leben. Versucht es zu vergessen. Es wird ruhiger, er meldet sich nicht mehr. Du ignorierst das gänzlich. Du hoffst, es gelingt Dir. Sperrst alle seine Nummern. Klar, ich könnte nun meine Nummer wechseln, doch ich will mich selbstständig machen. Würde mir das irgendwas nützen? Wenn Menschen etwas über Dich herausfinden und es wirklich wollen, finden sie immer einen Weg. Also beließ ich es dabei.

Es vergingen Monate, in denen nichts passiert ist. Ich hatte mich wieder beruhigt, versuchte die Balance im Innern wiederherzustellen. Ich war nur noch angespannt, nicht mehr so entspannt wie vorher. Es fiel Allen auf, der Familie, den Freunden, dem Chef und Kollegen. Ich war schreckhafter, immer unter Anspannung und definitiv nicht mehr so unbeschwert und lebensfroh. Ich war ängstlicher geworden. Ich muss auch dazu sagen, in der Zeit passierte auch privat eine Menge. Ich hatte auch nicht den Mut, mich Jemandem zu öffnen, in der Phase schon Hilfe zu suchen. Ich dachte mir, die denken ja, die spinnt, ist doch alles halb so wild.

Plötzlich kam der Tag der alles, was ich mir an Mindset durch Training aufgebaut hatte, wieder einstürzen ließ. Er nimmt wieder Kontakt auf. Doch sind es Andere, die den Kontakt zu Dir suchen, nicht er. Doch Du weißt, alles hängt zusammen. Panik steigt auf, Angst macht sich breit, es ist, als würde sich Deine Kehle wieder zuschnüren. Du bekommst keine Luft mehr. Hast Angst, dass er vielleicht um die Ecke steht, Dich beobachtet. Ich rechnete mit Allem, da ich nicht wusste, wie unberechenbar mein Gegenüber sein kann. Du fragst Dich, warum passiert mir das? Was das noch mit Einem anstellt, muss ich Jemandem, der betroffen ist, nicht sagen, auch, was in diesen Momenten in Dir vorgeht, muss ich Niemandem erklären.

Ich habe mich schuldig gefühlt, mich geschämt, dass mir sowas passiert. Hatte Angst, wollte mich verstecken, davonlaufen. Doch wenn man davonläuft, bringt es nichts. Es holt Dich ein. Was es auch tat. Sie wurden bestimmender, unberechenbarer. Da ich nie auf Anrufe,

Nachrichten, Briefe oder Geschenke reagierte, fingen Sie an mein Umfeld zu besuchen. Auszufragen. Informationen zu sammeln. Sie wussten ja schon, wo ich arbeitete. Wo ich wohnte. Was ich machte.

Über das Internet fingen Sie dann an, über Facebook meine Freunde anzuschreiben und noch mehr über mich herauszufinden. Sie erzählten anderen Geschichten über mich, was ich wirklich für ein Mensch bin und wie ich mit Männern umgehe. Dass alles nur eine Masche ist. Dass man mir nicht trauen könne oder gar glauben.
Ein Freund schrieb mich an und wir trafen uns. Er erzählte mir davon. Mir blieb vor Schreck das Herz stehen. Er kannte mich ja, wusste was für ein Mensch ich war. Doch ich fing an, auch Ihm nicht mehr zu vertrauen. Ob es daran lag, dass er auch ein Mann war, weiß ich nicht.

Schon der Gedanke, dass jemand grausam versucht, Deinen Ruf zu schädigen, machte mich wütend. Was hat eine Person davon? Sie hat keine Kontrolle mehr über Dich, also tut sie Alles, um diese wieder zu erlangen. Wie, das ist der Person herzlich egal. Jedes Mittel, das zählt, ist recht. Social Media sind ja großartig dafür. Man teilt ein Foto auf Facebook oder Instagram. Zuerst öffentlich, dann kann es Jeder verfolgen, auch der vermeintliche Täter. Ändert dann sein Profil auf Privat. Doch weiß man, ob nicht eine Freundschaft darunter ist, die ein Fake-Account sein könnte. Man kann sie löschen, doch einer ist immer dabei und findet Informationen heraus. Geschick und die Routine machen es dem Täter einfach, an Informationen zu kommen.

Denn Menschen glauben viel, was man ihnen erzählt. Wenn es dann noch um das Privatleben einer anderen Person geht, dann sowieso. Gerade Menschen, die Dich kennen, glauben einer Person, die Gerüchte streut und vermeintliche News über Dich hat, alles. So entsteht ein neues Bild von Dir und das Drama nimmt weiter seinen Lauf. Er wird aggressiver.

Meine Freundin riet mir dann, nochmal zur Polizei zu gehen. Doch ich wusste, was soll ich denen sagen. Ich kann Anzeige erstatten. Wenn Du weißt, eine Person hat Dich zwei Jahre angelogen, so viel habe ich dann auch begriffen, woher kann ich mir noch sicher sein, ob die Identität überhaupt stimmt? Ob sein Name überhaupt stimmt? Seine Adresse?

Es ging dann soweit, dass ich im Januar dieses Jahres erpresst wurde. Er drohte, mir und meiner Familie etwas anzutun, quasi ich würde schon merken, dass wir zusammengehören. Was genau er alles forderte, möchte ich hier jetzt nicht aufzählen. Doch wenn jemand schon mal erpresst wurde und einem gedroht wird, dass Menschen dabei zu Schaden kommen werden, die man liebt, ob nun zum Spaß oder aus Ernst sei dahingestellt. Hier hört jeder Spaß auf. Auch bei mir. Als ich die Zeilen las, gesendet von einer Mailadresse, mit meinem Namen an meine ursprüngliche Adresse. Da gefror mir das Blut in den Adern.

Es sah nun so aus, als würde ich mich selbst erpressen. Ich dachte, das kann ja alles nicht wahr sein. Der Druck überkam mich, es war, als würde nun alles über mich hereinbrechen. Der ganze Druck des letzten Jahres. Es war nun über ein Jahr her, an dem ich Niemandem davon erzählt hatte. Es brachen alle Dämme. Ich erhielt diese E-Mail am Abend, als ich vom Sport nach Hause kam.

Am nächsten Tag war Wochenende. Doch ich werde nie vergessen, wie ich vor der Garage, mit dem Handy in der Hand zusammensackte. Vor lauter Angst hatte ich die Sense in die Hand genommen, die an der Wand gegenüber der Garagentüre hing. Da saß ich nun vor der Garage und weinte. Es kam mir vor wie in einem Film, wie ein schlechter Krimi. Doch war es meine Realität. Ich weiß nicht mehr, wie lange ich dasaß und geweint habe. Ich wusste nur eines, es war so ruhig und dunkel, Anfang des Jahres und richtig kalt. Ich war noch in den Trainingsklamotten, der Boden war eisig kalt.
Es muss wohl der Schock gewesen sein, doch ich hatte das Gefühl, ich konnte weder Kälte noch Schmerz noch irgendetwas spüren. Ich hatte die letzten Monate immer das Bild im Kopf, von mir, wie ich mit einer Hand an einem Abgrund hänge und mich gefragt, wie lange reicht meine Kraft noch aus, um mich zu halten. Für meine Verhältnisse lange.

Wenn ich mir überlege, Andere ziehen das über Jahre oder ihr ganzes Leben mit. Meinen Respekt. In dieser Nacht lies ich los und stürzte den Abgrund hinab. Es war als würde es mir den Boden unter den Füssen wegziehen. Es war, als würde der Druck von mir abfallen, doch was es wirklich war, war die Zerstörung.
Das Gefühl, dass Dich die Person, die Dir das angetan hat, mich zerstört hat. Das war mein erster Gedanke. Mit diesem Gefühl ging ich erstmal ins Haus, unter die Dusche und dann ins Bett. Klar stellte mein Erpresser auch Forderungen, die ich binnen 24 Stunden zu erfüllen hätte. Da ich nun im Abgrund saß und erstmal eine Nacht verging, in der ich so unruhig schlief wie nie, war mir klar: „Ich muss irgendetwas tun.

Kapitel 3: Die Entscheidung – Anja Mack

Ich wachte an dem Samstag auf, völlig ausgebrannt, als hätte mich die Menschheit verlassen und auch mein Glaube. Ich hatte definitiv keine Tränen mehr, denn mir brannten die Augen, so verzweifelt war ich die Nacht davor.

STOP sagte ich mir.

Ich habe es nicht mehr ausgehalten. Ich fiel für zwei Stunden in den Strudel hinein, vor dem ich am meisten Angst hatte. Ich habe ihn Opfer genannt. Ich wusste nun, wie es sich anfühlt, Opfer zu sein. Man fühlt sich hilflos, als hätten alle anderen Schuld. Als wäre die ganze Welt gegen Einen. Das stimmt jedoch nur zum Teil, aber auch wieder nicht. Im Außen ist nie etwas oder jemand schuld. Denn wenn man die Schuld aus der Hand gibt, quasi seine Umwelt dafür verantwortlich macht, hat man seine Macht aus der Hand gegeben. Es entsteht ein Gefühl von Ohnmacht und genauso fühlte ich mich. Machtlos und ohnmächtig. Überfordert mit der Situation.

Zuerst hatte ich alle Möglichkeiten durchdacht. Was passiert, wenn ich niemandem davon erzähle. Wieder einmal, es einfach schlucken und sich zusammenreißen. Das war mir bekannt. Ich hielt es nicht für so wichtig.
Das ist krass, denn man droht Dir und Deiner Familie, ob nun aus Spaß oder Ernst spielt keine Rolle. Doch das ist kein Spiel mehr. Man kann nicht wie bei einer DVD einfach Stop drücken, die Pause Taste, vorspulen und zurück, wenn einem das Gesehene nicht gefällt. Das passiert und es passiert Tausenden von Frauen.

Ich beschloss, ich muss eine Entscheidung treffen. Ich fragte Mr. Google. Er weiß ja so viel. Ich Google alles Mögliche. Stalking, Verfolgung, Opfer, Täter, Straftaten. Was alles passieren konnte. Was es für Folgen hat. Was es mit Dir macht. Was Du tun kannst. Erst nach Stunden bat ich das Universum um Hilfe, mir eine Adresse zu eröffnen, an die ich mich wenden kann. Die Dir nicht gleich ins Gesicht schauen und sagen, alles gut, Frau Mack. Schlimm, was Ihnen passiert ist, doch man kann Ihnen nicht helfen.
Wie oft hatte ich davon gelesen. Es in Serien gesehen, die im Fernsehen laufen, in der Zeitung wurde darüber berichtet. Stalking ist eine Straftat! Doch bis man wirklich etwas erreicht, muss erst etwas passieren.

Ich habe eine Entscheidung getroffen. Ich will kein Opfer sein. Ich will mich selbstständig machen. Ich hatte meinen Job gekündigt. Zu dem Zeitpunkt fragte ich mich, wie soll ich da eine Übergabe machen. Kann und will ich überhaupt noch in das Büro? Das Universum erhörte mich binnen Sekunden. Es öffnete sich ein Fenster auf meinem Bildschirm und da war sie, meine Rettung. Eine Organisation, an die sich betroffene Frauen wenden können, wenn sie Opfer eine Straftat wurden. Ich entschied mich, die Nummer zu wählen. Mein Herz raste, meine Stimme zitterte. Es meldete sich ein Mann am Telefon. Oh Gott, dachte ich. Wieder ein Mann. Ich überwand mich und fing an zu erzählen, es war mir egal.

Mein Gefühl bestärkte mich darin, raus aus der Scheiße oder drinbleiben. Sicherlich, innerlich saß ich noch in meinem tiefen und dunklen Abgrund. Doch ich hatte wieder Boden unter den Füssen. Es war zwar dunkel und kalt und ich fühlte mich allein, doch konnte ich wieder stehen und rumlaufen. Nicht wie am Tag zuvor, wo es fast schien, als würde ich regungslos daliegen. Denn ich hatte mich nun entschlossen. Durch das Telefonat mit dem Mann wurde ich mehr und mehr darin bestärkt, dass kein Mann das Recht hat so mit einer Frau umzugehen.

Jetzt habe ich noch keine Kinder. Ich weiß nun was es heißt, zum Raubtier zu werden. Es schlich sich ein Gefühl ein, wie bei einer Löwenmama, die ihre Kleinen beschützen will. Ich war die Löwenmami, die ihr Leben zurückwollte. Es mit allen Mitteln verteidigen würde.

Ich dachte mir, so Freundchen und jetzt lernst Du mich mal kennen. Du hast mir quasi ans Bein gepisst. Mich und meine Familie bedroht, jetzt reicht es mir. Mein Beschützerinstinkt war geweckt. Koste es, was es wolle. Klar spürte ich diese rachsüchtigen Gefühle. Später musste ich eine noch schwerere Entscheidung treffen.

Jetzt galt es erst einmal, wieder seine Macht zurückzuholen. Ich wurde gut beraten von der Organisation, bekam einen Kontakt bei mir in der Nähe und alle Infos. Gesagt getan. Ich konnte mich beruhigen. Nach dem Schreck legte ich mich erstmal schlafen. Ab dem Zeitpunkt schlief ich fast keine Nacht mehr. Ich konnte nur noch tagsüber schlafen. Denn es schlich sich ein Gefühl des Verfolgungswahns ein.
Ich wusste, meine Ansprechpartner würden mich binnen 48 Stunden kontaktieren. Ich wusste auch, dass ich erst dann zur Polizei gehen würde. Ich wusste auch, dass sie mir eine Frist gesetzt hatten und betete, es würde wohl nichts Schlimmes passieren.

Ich hatte mich nun entschieden, nicht länger Opfer zu sein, sondern Schöpfer meines Lebens. Ich will Schöpfer sein! Ich will bestimmen, wann ich glücklich bin und wann ich ohnmächtig bin. Ich will bestimmen, wann ich die Macht habe über mein Leben und wann nicht. Ich will, wenn ich Nein sage, dass dies auch Gehör findet. Denn ich habe viel zu selten Nein gesagt. Ich wusste, es wird kein leichter Weg.
Doch ich wusste auch, wenn ich mich in zwei Monaten selbstständig machen möchte und immer noch in der Opferrolle verharre, werde ich nie erfolgreich sein. Es wird immer eine Opferrolle mitschwingen, in Allem, was ich getan hätte.

Ich wusste schon an dem Wochenende, dass ich damit Tausenden von Frauen, vielleicht auch Männern, Mut machen kann. Nicht nur Frauen sind betroffen von dieser Art von Gewalt, auch Männer. Die Dunkelziffer ist groß. Denn das ist ein Thema, darüber redet man nicht. Doch mir hat es Mut gemacht. Denn jetzt erzähle ich meine Geschichte. Ich erzähle sie Stück für Stück. Meine Geschichte ist noch nicht zu Ende erzählt, ich bin noch mitten drin.

Ich versuchte also ein wenig Ruhe zu finden. Dann klingelte das Telefon. Eine mir unbekannte Nummer. War es mein Erpresser oder war es mein Ansprechpartner meiner Organisation, der mit mir Kontakt suchte? Es war die Organisation. Ich erzählte meine Geschichte in Kurzfassung. Wir beschlossen gemeinsam, uns am Montag in einem Café zu treffen. Wir vereinbarten auch, dass wir gemeinsam zur Polizei gehen würden.

Ich fand keine Ruhe in dieser Nacht. Die 24 Stunden waren um. Es passierte nichts. Keine Nachricht von meinem Erpresser, keine Vorkommnisse. Ich ging am Montag ganz normal zur Arbeit. Ich wollte mich ablenken, doch es gelang mir nicht. Panik las man in meinen Augen. Kollegen, die mich kannten, wussten, es muss was nicht in Ordnung sein, denn ich war nicht ich. Ich erkannte mich selbst kaum wieder. War es richtig, das zu tun? Ich hatte Angst. Angst, vor dem was nun folgen würde. Dass man mich bei der Polizei nicht ernst nimmt, dass die Organisation mich nicht ernst nimmt. Ich überzeugte meinen Chef, dass ich am Mittag gehen müsste. Er merkte, dass etwas nicht in Ordnung war. Ich konnte mich nicht überwinden, zu sagen, um was es ging. Denn solche Vorkommnisse erzählt man natürlich nicht Jedem.

Es war endlich Nachmittag. Wir trafen uns im Café. Am Sonntag versuchte ich verzweifelt, alle Beweise für die Polizei wieder zu finden, wiederherzustellen und aufzuarbeiten, damit ich vorbereitet bin, wenn wir dahingehen. Ich war erstaunt, was alles hängen blieb. So sehr ich mich auch am Anfang bemühte, alles zu löschen, war ich nun dankbarer denn je, dass die Technik es erlaubt, Dinge wiederherzustellen.
Fast Alles war zu retten. Bewaffnet mit dem Ordner und einer Sonnenbrille, suchte ich das Café auf, in dem wir uns trafen. Ich hatte ein komisches Gefühl. Tat ich das Richtige? Ich erzähle meinem Ansprechpartner alles und es tat gut, mit Jemanden zu reden, der Verständnis hatte.
Ob es nun meine Schuld war oder nicht. Doch da war Jemand, der mich bestärkte, dass dies nicht so geht. Erstaunt, wie gefasst ich war gingen wir zur Polizei. Doch eines wusste ich genau, dass ich gute Lehrer hatte in meiner Zeit, als ich die Ausbildung zur Hotelfachfrau machte. Sie sagten mir immer wieder, ein Gast darf nie merken, dass man sich nicht gut fühlt oder was einem fehlt. Der Gast ist immer König im Hotel und schließlich kann er ja nichts dafür, wenn es in meinem Privatleben nicht funktioniert. Und das stimmte ja auch.

Bis heute bin ich Meisterin darin, das Bild aufrechtzuerhalten, dass es einem gut geht. Oft sehr nützlich, doch selbst als Frau darf man auch mal Schwäche zeigen. Auch eine starke Frau darf ihre weibliche und verletzliche Seite ausleben. Doch das ist eine andere Geschichte. Wir gingen dann zur Polizei und ich machte eine Anzeige in allen vorliegenden Belangen und gegen alle mir bekannten Personen, ob nun real oder nicht. Zu diesem Zeitpunkt hatte ich den Überblick verloren, wer, wer sein könnte oder war.

Und glaube mir, heute hier zu stehen und Dir von meiner Geschichte zu erzählen, fällt mir nicht ganz leicht. Doch ich will Schöpfer sein. Ich will auch Dir zeigen, wie Du sofort aus der Opferrolle aussteigen kannst.

Kann das jeder? Ja.

Will das jeder? Nein.

Ist es leicht? Die Entscheidung zu treffen, ja.

Dahinter zu stehen? Nein.

Den Weg, dann zu gehen, leicht? Nein.

Denkt man oft an aufgeben? Ja.

Kann man es allein schaffen? Ich sage Nein.

Doch der erste Schritt war gemacht. Ich hatte mir Hilfe geholt. Was sich die nächsten Monate noch für mich entwickeln sollte, davon hätte ich zu dem Zeitpunkt nicht zu träumen gewagt.

Ich war nun bei der Polizei. Es fiel mir ein großer Stein vom Herzen, doch hilfreich war es nicht wirklich. Denn ich hatte den Stein nun ins Rollen gebracht und wusste, es gibt kein Zurück für mich. Solchen Menschen muss man klare Grenzen setzen. Die Justiz ist in den Dingen restlos überlastet und so sagte man mir, es kann Monate dauern, bis ich erst einmal weiß, ob es zu einem Prozess kommt oder ob der Fall mangels Beweise eingestellt wird.

Doch zwei Dinge wusste ich. Ich werde meinen Job professionell beenden, mir dann Hilfe holen und dann werde ich mich beruflich verändern. Was die meisten nicht wussten, war, dass dies binnen 2 Monaten geschehen sollte. Ich hatte vorher alles genau geplant, also keine Zeit für einen Rückschlag und auch kein Geld. Meine Freundin sagte mir, Anja das geht so nicht, das braucht doch Zeit, um verarbeitet zu werden. Ich sagte die habe ich, 4 bis 5 Wochen und dann muss es durch sein. Schon von früheren Seminaren wusste ich, man lernt immer nur bei den Besten. Also fing ich an, die Profis zu finden, die mir in der Hinsicht helfen konnten.

Eines stand für mich fest, nach dem letzten Sommer, als ich für mich erkannt habe, welch eine Chance das Ganze für mich ist, wollte ich nicht länger Opfer sein. Ich wollte Schöpfer sein. Dies war keine leichte Entscheidung. Ich habe vor dem Spiegel gestanden und oft geweint. Ich habe mich verloren gefühlt. Auch heute habe ich noch Tage, an denen der oder die Täter versuchen, Kontakt aufzunehmen und die mich dann aus der Bahn werfen.

Doch habe ich gelernt, damit umzugehen, dazu erzähle ich Dir später noch mehr.

Ich ging wie gewohnt am nächsten Tag in die Arbeit. Jetzt war es, als fühlte ich mich gejagt. Ich hatte immer noch nichts gehört. Es waren bereits 3 Tage vergangen nach der Drohung und der Erpressung. Ich sollte mir einen Anwalt suchen, der mir rechtlich zur Seite stehen würde. Gar nicht so leicht, wenn man nicht Rechtsschutz versichert ist und keine Ahnung hat, nach was man sucht. Doch ich merkte jetzt, dass meine Arbeit darunter litt. Ich hielt die emotionale Belastung nicht mehr aus, es war, als würde ich platzen. An dem Wochenende ging ich zum Sport, nicht wie gewohnt eine Stunde, es waren zig Stunden. Ich brauchte ein Ventil, um die Wut rauszulassen. Ich trainierte dann eine lange Zeit täglich, fiel von einem Extrem ins nächste.

Als ich am Mittwoch nach Hause fuhr und abends im Bett lag, las ich meine E-Mails. Eine weitere Drohung. Diesmal drohte man mir, mein Auto vor dem Sportstudio in die Luft zu jagen. Tja, es wäre dann schon zu spät gewesen, denn ich las die Mail erst um 1 Uhr morgens und war in der Zwischenzeit schon wieder mit dem Auto gefahren. Betroffen und geschockt fuhr ich zur Polizei, denn ich wollte den Vorfall wenigstens noch melden. Man fragte mich, ob ich unter dem Auto nachgesehen hätte. Ich entgegnete nur, nein denn ich bin ja schon zigmal damit weitergefahren. Wieder war der Besuch keine Hilfe, doch wusste ich, besser es steht irgendwo vermerkt, als nicht. Um drei Uhr lag ich hellwach im Bett. Ab jetzt verfolgte mich das Gefühl, jemand würde mich beobachten, wüsste über jeden Schritt Bescheid, den ich mache. Denn woher hätte er oder sie wissen können, wo mein Auto steht und wo ich zum Sport gehe. Ein Klacks für Jemanden, der Dich stalkt / verfolgt.

Nun reichte es mir. Ich nahm all meinen Mut zusammen und erzählte meinem Chef, dass ich Opfer einer Straftat geworden bin, so heißt es in der Fachsprache. Gleichzeitig fragte ich ihn auch nach einem guten Anwalt. Doch mehr wollte ich nicht sagen, da ich nicht wusste, ob es mir helfen oder schaden würde.

An dem Nachmittag, als es ruhig war im Büro, telefonierte ich mit zig Anwälten. Es schien mehr Anwälte für die Täterseite zu geben, sprich Strafverteidiger, als Anwälte für die Opferseite. Schließlich fand ich einen Anwalt, ich ließ mir einen Termin geben. Doch dieser war erst zwei Wochen später. Die Spannung stieg. Im normalen liebe ich das Abenteuer schon und das Adrenalin, doch das war selbst für meinen Geschmack zu viel. Zu dem Zeitpunkt wusste es noch Keiner in meiner Familie. Die Tage vergingen, die Woche auch.

Es schien mir nichts mehr von der Hand zu gehen. Ich hatte keine Konzentration mehr, schlafen konnte ich sowieso nicht. Es plagten mich auch noch andere Sorgen und private

Probleme und gleichzeitig noch ein Irrer, der hinter Dir her ist und Dich eher tot als lebendig sieht.

Dann hatte ich endlich den Mut und rief meinen Hausarzt an. Zwei Stunden späte saß ich in der Praxis, fertig mit den Nerven. Es kostete mich Überwindung. Als ich im Behandlungszimmer saß, die Helferin die Tür schloss und mir sagte: „Ein bisschen dauert es noch, Frau Mack", brachen alle Dämme. Schmerzerfüllt klang mein Weinen, so verzweifelt, so traurig, dass es keine fünf Minuten dauerte und eine Ärztin da war.
Ich dachte, jetzt ist es aus, jetzt komme ich in die Klink und dann komme ich nie wieder raus. Ich wusste, ich befand mich auf der Gradwanderung, gefangen in dem Strudel, noch weiter und tiefer zu fallen oder wieder auf die Füße zu kommen. Doch was wollte ich? Wollte ich Opfer bleiben oder wirklich Schöpfer werden. Die Ärztin reichte mir Taschentücher.
Ich erzählte ihr die ganze Geschichte. Sie sah mich nur an und gab mir eine Krankmeldung, eine Liste mit Telefonnummern und Tabletten zur Beruhigung, damit ich einmal wieder schlafen könne. Ich versicherte Ihr, dass ich schon in guten Händen war, was zu dem Zeitpunkt nicht stimmte. Ich wusste, das Universum würde mir die richtigen Menschen schicken, die sich wirklich damit auskennen und mir helfen würden und können.
So hatte ich vorerst alles, was ich brauchte. Ich war also nun für drei Wochen krankgeschrieben. Erst jetzt realisierte ich, dass ich keinen einzigen Tag mehr ins Büro müsste. Doch wie erkläre ich das meinen Chef? Ja, Chef ich bin nun krank. Da ich gekündigt hatte, um mir eh eine Auszeit zu nehmen, aufgrund anderer Vorkommnisse, passte der Zeitpunkt besser denn je. Aber ich hatte ein schlechtes Gewissen.

Doch ich wusste, für mich steht mehr auf dem Spiel als nur ein Job. Leben oder Sterben. Ich hatte mit meiner Ärztin ausführlich gesprochen und erfuhr, dass ich eigentlich psychisch mehr als gefährdet und angeschlagen war, mir etwas anzutun, als mir vielleicht zu dem Zeitpunkt bewusst war. Man denkt in der Situation schon ab und an darüber nach, sollte man sich jetzt was antun oder nicht?
Doch ich wusste, ich könnte es eh nicht. Lieber würde ich leiden, es aushalten und einen Weg finden, mich aus diesem Teufelskreis zu befreien. Immer noch wusste keiner in meiner Familie, was geschehen war. Ich war nun drei Wochen krank, ging jeden Tag zum Sport, um mich abzulenken und das Gefühl wenigstens aufrechterhalten, dass sie nicht die Macht über mich gewonnen haben.

Denn wenn man sich von seinem Umfeld zurückzieht und sich gänzlich dem hingibt, haben die Täter gewonnen. Opfer besiegt, Zerstörung gelungen, würde wohl der Bericht des Täters lauten. Oder er würde einfach einen Haken machen auf seiner To-Do-Liste. Opfer erledigt- fertig- next. Soweit würde ich es nicht kommen lassen. Doch was tun? Wie kann es jetzt weitergehen? Wie findet man einen Profi auf dem Gebiet, der einem helfen kann? Ich stellte mir zig Fragen, doch im Moment zählte nur eins für mich, Schlafen und zur Ruhe kommen.

Kapitel 4: Rechtliche Situation und Begriffserklärung – Anja Mack

Nach Tagen des Schlafens, kam es mir vor als hätte ich Monate nicht mehr geschlafen, derweil waren es bei mir nur einige wenige Wochen. Fest stand, Schlafentzug ist auch eine grausame Krankheit und zieht Dir Energie weg. Ich war wie ausgedörrt, ausgetrocknet und ausgesaugt. Nach Tagen spürte ich die Kraft wieder in mir. In mich kehrte frisches Leben. Ich hatte einen Plan. Ich gab mir sieben Wochen Zeit, das Ganze zu verarbeiten. Ziel war es, den Fokus dann auf die Selbstständigkeit zu legen, die ich ab dem 01.03.2018 in Angriff nehmen wollte. Doch jetzt, wo ich alleine mit mir war, zu Hause, fernab vom Stress, kreisten meine Gedanken nur darum.

Stalking, Opfer, Straftat, emotionale Überbelastung, wie es die Ärztin nannte, alle diese mir unbekannten Begriffe schwirrten in meinem Kopf umher. Ich hatte also einen Plan. Ich musste meinen Fokus von dieser Sache nehmen und ich hatte ein Ziel. Doch kam ich irgendwie nicht weiter. Ich wusste, ich möchte mehr darüber wissen. Ständig hallten die Fragen in meinem Kopf. Wieso ich? Wieso jetzt? Was will mir das Leben sagen? Erst Wochen später verstand ich was es mir sagen wollte.

Nun traf ich eine weitere Entscheidung. Nicht darüber zu sprechen, ist falsch. Ich fing an, mein Umfeld, meine Familie und alle die ich kannte, einzuweihen. Es kam Unverständnis auf, Sprachlosigkeit, Bestürzung und Momente des Schocks. Doch ich merkte, dass sowohl mein Umfeld, meine Familie, als auch meine Freunde überfordert damit waren.

Hatte ich gehofft, sie würden mir helfen können, hatte ich mich getäuscht. Es tat weh, denn ich war wieder irgendwie alleine. Sie waren da, hörten mir zu und gaben Ratschläge. Doch es reichte mir nicht. Es war nicht Hilfe genug. In mir schrie das kleine Mädchen verzweifelt nach Hilfe. Eigentlich wollte ich nur mal in den Arm genommen werden und einfach mal hemmungslos weinen dürfen. Doch ich hatte Druck, wusste, dass ich nicht zu viel Zeit hatte, in dem Strudel zu bleiben.

Es vergingen Tage und die Wochen. Es war ein Rauf und Runter der Gefühle. Eine Achterbahn. Ich zog mich immer mehr von Allen zurück. Verzog mich, zog mich zurück in mein Schneckenhaus, hatte das Vertrauen in die Menschen für diese Zeit verloren und auch den Mut, der mich verlassen hatte.

Es war, als wüsste ich nicht mehr, wer und was ich bin. Vorher wusste, ich was ich wollte, hatte Träume, mich für großartige Jobs beworben und auch genug Zusagen. Doch ich sagte sie alle ab. Ich fühlte mich dem Allem nicht gewachsen. Wollte wieder ins Ausland, wollte Davonlaufen, das schien mir am leichtesten. Doch ich wusste, dann holt mich die Vergangenheit schneller ein, als es mir lieb war. Dann kam die Rettung.
Mir fiel ein, ich hatte im Februar ein Seminar für fünf Tage. Ich setzte Alles daran, ich wusste, das würde mir die Antworten bringen, nach denen ich gesucht hatte. Doch die Zeit wurde knapp.

In der Zwischenzeit traf ich einen Anwalt, der mich beriet, was zu tun sei. Viel gab es nicht, denn es war ja nicht viel passiert. Es wurde nur emotionaler Schaden angerichtet. In unserer Justiz ist es traurig, doch heute passiert Dir mehr, wenn Du zu schnell fährst, Steuern hinterziehst, als wenn Du bedroht, vergewaltigt oder gar ermordet wirst. Das ist fast wie ein Kavaliersdelikt. Wütend und wieder alleingelassen, fuhr ich nach Hause.

Jetzt erst recht, dachte ich mir. Ich war auf Rache aus, doch wusste ich, damit komme ich nicht weiter, denn mit Rache schürt man das Feuer und die Energie der Täter noch mehr. Stattdessen versuchte ich eine andere Technik. Ich versuchte, mich zu erinnern. Ich verbrachte sieben Tage damit alle Serien und Berichte zu sehen und zu lesen, die mit Gewaltverbrechen zu tun hatten. Ich wollte die andere Seite verstehen, wollte sie studieren, wollte wissen, wie sie tickt.
Denn ich wusste nun, warum mir das passiert war bzw. ich es selbst erschaffen hatte. Man kann nur Menschen richtig gut helfen, wenn man eine Ahnung hat und es selbst erlebt hat. Erst dann weiß man, was in seinem Gegenüber vorgeht und man kann wirklich ernsthaft und authentisch sein. Jetzt stand fest, worin ich Expertin werden wollte. Das Projekt „Stop, Stalking me" war geboren.

Ich lernte Menschen kennen, denen ich meine Geschichte erzählte. Sie machten mir Mut, weiterzumachen. Heute schreibe ich schon darüber. Und jetzt finde ich heraus, wie ich das Wissen, was ich schon habe, damit verbinden kann, ohne dass ich erst noch ein Harvard Studium brauche.

In der Zwischenzeit probierte ich auch zig Therapeuten und Psychotherapeuten aus. Doch glaube mir, wenn Du bei Jemandem in der Praxis sitzt der sagt, mit solch einer Art Fall habe ich noch keine Erfahrung. Ja, wenn sie mir vertrauen, traue ich mir zu, ihnen zu helfen. Danke für das Gespräch.
Ich verlies die Praxis und suchte weiter. Ich wusste, so jemand kann mir nicht wirklich helfen. Ich wollte es auch nicht, denn ich vertraute meinem Gefühl.

Das Seminar wird der Schlüssel sein. So beschloss ich zu warten. War das leicht? - Nein. War es auszuhalten? Ja. War ich oft verzweifelt? Ja.
Ich hatte in der Zeit schon Menschen gefunden, die mir halfen. Es waren verschiedene Coaches, am Ende sieben an der Zahl, jeder für sein Gebiet Spezialist. Schnell groß war meine Devise. Also arbeitete ich an mir jeden Tag. Ich redete, schrieb, schrie und weinte, war wütend und hasste jeden einzelnen Coach dafür. Doch Monate später bin ich Jedem so dankbar, denn es war, als hätte ich einen roten Faden für mein Leben entdeckt. Ich hatte herausgefunden, wieso diese Erfahrung für meine spätere Arbeit so wichtig sein würde.

Auch jetzt habe ich noch Momente beim Schreiben, bei denen ich mir denke, interessiert das Thema denn Jemanden? Klar, nur traut sich keiner, darüber zu sprechen. Umso mehr freue ich mich auf Feedbacks.

Ob mir das schwerfällt: Ja.

Doch ist es wichtig, um zu wachsen. Denn es hilft auch mir im Prozess, es zu verarbeiten. Außenstehende lernen, die Betroffenen besser zu verstehen.

Wenn ich etwas weiß, es ist eine Gabe, wenn man so hart an sich arbeitet, damit man beide Seiten verstehen kann. Doch dazu musste ich erst lernen, die andere Seite zu verstehen. Ich wusste zu jeder Zeit, dass ich aufhören kann, zu recherchieren oder zu lesen. Am Anfang konnte ich es gar nicht aushalten. Jetzt habe ich Wege gefunden, die mir helfen, das Erlebte sachlich zu betrachten, ohne dass es mich nervlich mitnimmt und mir die Energie raubt.

Kann man das lernen? Ja. Kann das Jeder? Nein, denn nicht jeder, glaube ich zu wissen, würde das aushalten. Die Wahrheit dahinter tut weh, das ist eine harte Tatsache, die man erstmal verdauen muss.

Nun fing ich also an, meinen Täter zu studieren. Wo hört man auf und wo fängt man an, damit man nicht in Rachsucht endet und in Hass und Wut versinkt, oder gar wieder in die Opferrolle fällt.

Das ist wie mit Allem: Lernen und Tun und dann seiner Intuition vertrauen. Ich wusste, ich will Schöpfer sein, also schloss ich es aus, dass ich wieder gänzlich in die Opferhaltung verfiel. Ab und an passiert es natürlich noch. Das ist normal, denn ich bin wie Du Mensch. Und als Mensch ist es vorgesehen, solche Erfahrungen zu machen.

Davon bin ich hundertprozentig überzeugt.

Kapitel 5: Lothar Franz - Rechtliche Situation in Deutschland

Seit dem 1. März gibt es ein neues Gesetz, das den Schutz gegen Nachstellungen verbessern soll. Hier zeigt sich das ganze Dilemma Deutscher Gerichtsbarkeit. Selbst kleine Verbesserungen werden gefeiert, als ständen nun nicht mehr die Täter, sondern die Opfer im Mittelpunkt politischen Handelns. Der Täter kann nicht nur dann bestraft werden, wenn seine Taten eine „schwerwiegende Beeinträchtigung der Lebensgestaltung" hervorrufen, sondern es reicht aus, dass die „Handlungen zu einer solchen Beeinträchtigung geeignet waren." Ziel ist, dass die Opfer nicht mehr auf eine „Privatklage" abgeschoben werden, sondern dass eine höhere Zahl an Straftaten zur Anzeige gebracht werden. Richtig fies wird es allerdings, dass eine Nachstellung nicht automatisch zu einem Anspruch auf Entschädigung führt. Das Bundessozialgesetz hat im April 2011 entschieden, dass eine Opferentschädigung nur dann wirksam werden kann, wenn es im Rahmen der Nachstellung zu einer Einwirkung direkt auf den Körper des Opfers kommt.

Rechtliche Situation in der Schweiz:[2]

In der Schweiz gibt es kein eigenes Gesetz gegen Stalking. Allerdings wird im Zivilgesetzbuch der Schutz vor Gewalt, Drohungen und Nachstellungen garantiert. Zu den strafbaren Handlungen gehören Drohung, Nötigung, Ehrverletzung und sexuelle Belästigung. Interessant ist hier, dass bei Cyberstalking zusätzlich der Missbrauch einer Fernmeldeanlage gilt.

Rechtliche Situation in Österreich:[3]

In Österreich gilt bereits seit dem 1. Juli 2006 ein „Anti-Stalking-Gesetz", das Opfer von Belästigungen besser schützen soll. Wenn nur eine der folgenden Taten die Opfer unzumutbar beeinträchtigt und über längere Zeit angewendet wird, spricht das Gesetz von Stalking:

- Die Täter suchen die räumliche Nähe zum Betroffenen.
- Der Kontakt zum Opfer wird durch Telekommunikation, sonstige Kommunikationsmittel oder durch Dritte hergestellt.
- Der Täter bestellt Waren oder Dienstleistungen auf den Namen der Betroffenen.
- Die persönlichen Daten des Opfers werden genutzt, damit Dritte Kontakt zu Betroffenen aufnehmen.

---

[2] www.lilli.ch/stalking_strafrecht Stand 8.2.2019
[3] www.help.gv.at/Portal.Node/hlpd/public/content/172/Seite.1720720.html
Stand 8.2.2019

Am 1. Januar 2016 folgte der Straftatbestand „Cyber-Mobbing". Wer durch Telekommunikation oder Computer-Systeme Personen in ihrer Lebensführung unzumutbar beeinträchtigt und dies über längere Zeit, macht sich strafbar. Dazu zählt, wenn das Opfer für eine größere Zahl von Menschen sichtbar – zum Beispiel über Facebook in seiner Ehre verletzt wird. Dies betrifft explizit auch Fotos. Wer gegen das im Strafgesetzbuch verankerte Gesetz verstößt, muss mit einer Freiheitsstrafe bis zu einem Jahr, oder mit Geldstrafe bis zu 720 Tagessätzen rechnen. Wenn auf die Tat ein Selbstmord oder ein Selbstmord-Versuch folgt, so ist der Täter mit einer Freiheitsstrafe von bis zu 3 Jahren zu bestrafen. Außer Stalking und Cyber-Mobbing können weitere Handlungen bestehen, die den Straftatbestand erfüllen:

- Erpressung: „Wenn Du nicht tust, was ich will, dann..."
- Schlecht über jemanden reden in Gegenwart einer dritten Person.
- In der Öffentlichkeit einen anderen Menschen beleidigen.
- Pornografie mit Minderjährigen. Das Herstellen, die Veröffentlichung und Verbreitung von Bildern oder Filmen mit sexuellen Handlungen an und mit Minderjährigen ist verboten.
- Personen, die über verschiedene Medien übler Nachrede, Beschimpfungen oder Verspottung ausgesetzt sind, können Schadenersatz fordern.

Welche Maßnahmen können ergriffen werden?
- Die Polizei einschalten. Die Beamten können den Täter der Wohnung verweisen und einen Platzverweis aussprechen. Ein schärferes Schwert ist das sogenannte Kontaktverbot. Der Täter darf keinen Kontakt zum Opfer aufnehmen, dies betrifft auch das Telefon, E-Mail usw. Der Täter darf sich der Wohnung und der Person bis auf einen bestimmten Umkreis nicht nähern. Wenn der Stalker dieses Verbot missachtet, wird ein Ordnungsgeld fällig.
- Täter können in Untersuchungshaft genommen werden. Die Voraussetzungen sind jedoch vergleichsweise hoch angesiedelt:

1. Der dringende Verdacht, dass der Täter das Opfer, oder dessen Umfeld in Lebensgefahr oder in die Gefahr einer schweren Gesundheitsgefährdung gebracht hat.

2. Es muss die Gefahr bestehen, dass der Täter vor einem rechtskräftigen Urteil weitere erhebliche Straftaten gleicher Art begeht, oder die Straftat fortsetzt.

Kommentar Lothar Franz:

Bei vielen Taten hört man immer wieder Gebetsmühlenartig die Aussage: „Die Gesetze reichen aus, sie müssen nur von den Gerichten ausgeschöpft werden. Manchmal habe ich den Eindruck, dass die Politiker sich nur davor drücken, ein deutliches formuliertes Gesetz mit höherer Strafandrohung zu verabschieden. So sind die einzelnen Taten des Stalkers für sich genommen keine Straftat. In der Summe, Intensität und Dauer dieser Taten sind sie es schon. Meine Forderung ist die Abkehr vom undeutlich formulierten Juristen-Deutsch, das man unterschiedlich interpretieren kann. Je eindeutiger ein Gesetz formuliert wird, umso besser ist dies für alle Beteiligten.

Liedtext „Fanatisch" von Herbert Grönemeyer

„Hörst du ein leichtes Kratzen an der Tür,
das Stöhnen auf dem Hausflur, das gilt dir.
Du kannst dir sicher sein, dein Schrein bleibt ungehört,
niemand, der uns stört..."
„Stellen sich deine Nackenhaare hoch
Wirst mich nie los, ich find dich doch.
Steht vor Angst auf deiner Stirn der Schweiß,
hab' ich mein Ziel erreicht..."

Refrain:

„Ich find's wunderbar, dass du mich nicht siehst,
ich find's wunderbar, dass du dich vor mir verkriechst.
Ich genieße unendlich das Gefühl,
Ich begehr' dich fanatisch viel..."
„Verbarrikadier' dich, lass mich bloß an mein Ziel.
Wähl' den Notruf, bring' die Polizei mit ins Spiel,
Schreib' mit Lippenstift an dein Fenster S.O.S.
Hab' als Trauma dich besetzt...
Hast keine Vorstellung, wie zäh und scharf das brennt,
das Verzehren..."

Kapitel 6: Anja Mack - Was ist Stalking?

Laut Duden versteht man unter Stalking Folgendes: Stalking ist eine Nachstellung, welche willentlich, wiederholt und in einer beharrlichen Verfolgung oder Belästigung einer Person, deren physische und / oder psychische Unversehrtheit dadurch unmittelbar, mittelbar oder sogar langfristig bedroht und geschädigt wird.

Eine erste wissenschaftliche Definition erfolgte erst im Jahre 1993. Damals nannte man es nicht Stalking, sondern „obsessives und unnormales Verhalten durch Bedrohung oder gar Belästigung gegen eine bestimmte Person." 1995 führten Meloy und Gothard dann den Begriff „obsessives **Verfolgen'**" ein, um den psychiatrischen Aspekt noch weiter hervorzuheben. Diesen Begriff kennt man eigentlich nur von der Jagd. Ein Jäger, der ein Tier obsessiv verfolgt, aufspürt und dann tötet. Klingt wunderbar, wird der Eine sagen, lächerlich der Andere. Da teilen sich die Meinungen. Doch der Sinn ist, ich möchte Bewusstsein schaffen, denn man kann nur etwas verändern, indem man sich dessen bewusst wird. Und das passiert, wie Du sicher weißt, indem man sich damit befasst, konfrontiert. Da gibt es auch großartige Therapieansätze. Doch ich kann Dir sagen, die sind nur für die Starken und Hartgesottenen unter Euch. Denn da wirst Du richtig konfrontiert mit Deinem Thema.

Jeder, der sich etwas auskennt, weiß, dass Männer eigentlich Jäger und Sammler sind. Schon wenn Männer ausgehen, gehen Sie nach einem bestimmten Muster vor. Ziel ist es, eine Frau anzusprechen, die sie großartig finden, diese dann zu erobern und später mit Ihr auszugehen. Also machen sie sich einen Plan, wie sie das anstellen. So macht es auch ein Stalker. Nur nimmt er es wörtlich und fühlt sich als Jäger. Die Frau ist dann seine Trophäe, die er unbedingt behalten will. Er will sie nicht teilen, er will sie für sich besitzen. Er würde alles dafür tun, um diese zu verteidigen. Von Fall zu Fall kann das verschiedenste Ausmaße annehmen.

1997 wird Stalking erwähnt als eine Verhaltenskonstellation, in der eine Person mit der anderen wiederholt und unerwünscht kommuniziert, oder andere Annäherungen erzwingt. Klingt ja gar nicht so schlimm, doch jeder der Betroffenen weiß, welche Spuren dies hinterlässt. Manche schaffen es, diese zu heilen, andere tragen den Schaden ein Leben lang. Also man merkt, hieraus könnten richtige hitzige Diskussionen entstehen. Doch eines ist sicher: Deppen gibt es überall auf der Welt. Doch sollte auch sensibler damit umgegangen werden.

Denn schließlich, als jetzt am 25. Mai 2018 die DSGVO in Kraft tritt, wird diese strenger geahndet als andere Strafdelikte. In der Hinsicht bin ich der Meinung, irgendetwas in unserer Welt ist verkehrt. Verdrehte Welt, in der wir manchmal leben. Doch in einer Welt, in der an der Spitze immer noch mehr Männer dominieren, hat das Weibliche noch keinen Anklang gefunden. Doch so ist es auch heute noch, Jung und Alt arbeiten hervorragend zusammen, warum nicht auch männlich und weiblich. Schließlich hat jeder das männliche und das weibliche Prinzip inne. Doch das ist meine ganz persönliche Meinung und Gott sei Dank hat jeder seine eigene. Doch die Wenigsten trauen sich wirklich dazu zu stehen und sich zu äußern, aus Angst, was Andere denken. Doch das spielt hier nun gerade keine große Rolle.

Wichtig ist, die Kriminalpolizei spricht bei Stalking von einer beabsichtigten und wiederholten Belästigung eines Menschen, dessen Sicherheit bedroht ist und dessen Lebensqualität schwerwiegend beeinträchtigt wird. Immerhin ist man sich schon einig, dass man in der Qualität seines Lebens eingeschränkt wird. Das ist wirklich das Schlimmste. Man verändert sich so sehr und das oft nicht zum Positiven.

Also sind wir uns nun einig.

Ich könnte Dir noch viele weitere Definitionen aufzeigen. Fakt ist: Ein Stalker ist eine Person, die ein massives Problem hat und Aufmerksamkeit sucht, indem sie das Leben einer anderen Person manipuliert, beeinträchtigt oder gar völlig zerstört (damit meinen wir, wenn sich Betroffene deswegen das Leben nehmen, also umbringen, sterben wollen, weil sie den Druck und diese Last nicht mehr ertragen).

Die Begriffserklärung ist wichtig, dass Du verstehst, was ein Stalker ist. Es dient dazu, Dir dessen bewusst zu machen, was diese Person / Personen Dir antut. Schließlich schreibe ich meine Erfahrungen auf, denn mir liegt es am Herzen mein Wissen an Dich weiterzugeben, damit Du Dinge – vor allem Dein Verhalten verändern kannst, wenn Du bereit dafür bist. Und dafür bedanke ich mich jetzt bei Dir. Für den Mut und die Entscheidung, dass Du Dich Deiner größten Angst stellen willst, deshalb habe ich jeden Respekt vor Dir. Denn darüber zu sprechen das ist wahre Stärke. Doch nur darüber zu sprechen, hilft Dir auch nicht weiter. Glaub mir, das weiß ich, denn ich habe das ja auch durchgemacht. Es geht mir darum, Verständnis zu schaffen. Nicht für das, was er getan hat, das ist sein Problem, sondern warum Du in diese Situation geraten bist. Es löst Etwas in Dir aus. Es ist eine Botschaft, warum genau Dir das passiert. Klar, Du wirst jetzt denken, die Anja spinnt. Doch das erzähle ich Dir auch gleich noch. Über das Motiv, warum Er das tut. Vielleicht wirst Du beim Lesen wütend, was ich verstehen kann, denn schließlich bist Du ja das Opfer. Doch mal ehrlich, hilft es Dir weiter, wenn Du Tag ein, Tag aus rumheulst, Dich verkriechst und daran kaputtgehst? Mir hat es nicht geholfen und um etwas zu ändern, muss man seiner größten Angst in die Augen blicken und sie verstehen.

Nun will ich Dir erklären, was ein Opfer ist. Ja, Du hast richtig verstanden, ein Opfer. In diesem Fall bist Du das Opfer, das gestalkt wird oder wurde.

Von Opfer wird gesprochen, wenn eine Person durch bestimmte Ereignisse zu Schaden kommt. In unserem Fall, ein Verbrechensopfer oder Opfer einer Straftat, so wird es in der Fachsprache genannt.

Das Wort Opfer ist auch ein Schimpfwort, da es eine abwertende und verächtliche Haltung Jemandem gegenüber ausdrückt. Inzwischen ist es uncool und langweilig. Du hast richtig gehört, es ist ein Schimpfwort und es ist uncool.

Genau aus diesem Grund habe ich mich entschieden, Schöpfer zu sein. Denn ich finde es auch uncool, dass ich einer anderen Person die Macht gebe, über mich und mein Leben zu bestimmen. Ich gebe die Verantwortung aus der Hand. Will ich das?

Ich für mich persönlich will das nicht: Nein!!!
Denn die Verantwortung über mein Leben möchte schließlich ICH haben.

Wir leben ja nicht mehr zu Stasizeiten, in denen es verboten ist, seine Meinung zu sagen. Ich kann mir die Macht zurückholen. Dann verschwindet auch das Gefühl der Machtlosigkeit, der Ohnmacht und der Hilflosigkeit nach und nach. Und genau das ist meine Intention an Dich. Ich möchte, dass Du Dir dessen bewusst wirst. Es ist und bleibt eine Straftat. Ich kann sagen, dass ich in einem Land lebe, in dem das bestraft wird. Auch wenn es dauert, nehme ich mir das Recht, meine Rechte einzufordern. Denn indem ich **Nein** zum Täter sage, sage ich **Ja** zu mir und meinen Bedürfnissen.

Was ist das Motiv oder Profil des Täters? Das war für mich der spannendste Teil der Recherche. Denn hier kam ich mir vor wie ein Ermittler in seinem eigenen Fall. Ich hatte nun das Gefühl, es geht voran. Hier teile ich einmal meine Erkenntnisse und Gedanken mit Dir.

Ein Stalker oder eine Stalkerin können laut meiner Recherche in fünf Kategorien eingeteilt werden. Diese Einteilung ist hauptsächlich basierend auf der Motivation und der Situation, aus welcher das Stalking entstanden ist. Aufgrund dieser Typologie lässt sich Folgendes sagen: Sie zeigt nur den Verlauf und wie gefährlich die Stalking-Konstellation bei bestimmten Typen werden kann.

Ich dokumentiere nun diese Typologie.

Typologien eines Stalkers

	Typ / Gruppe	Motivation / Ziel	Situation
1	The rejcted aus dem Englischen: Der Zurückgewiesene	Rache und/oder Hoffnung auf Wiederherstellung der Beziehung	Intime Beziehung zwischen Täter und Opfer; Beginn der Verfolgung, nachdem diese Beziehung gescheitert ist
2	The intimacy seeker aus dem Englischen: Der Liebe Suchende	Wunsch nach Beziehung mit Opfer; Fehlwahrnehmungen der Beziehungsbereitschaft des Opfers; häufig Liebeswahn	Wahl eines idealen Partners; kann eine bekannte oder völlig fremde Person sein
3	The incompetent suitor aus dem Englischen: Der "unfähige Verehrer"	Hat das Gefühl, Anspruch auf eine Beziehung mit einer bestimmten Person zu haben	Geringe intellektuelle und soziale Kompetenz; Unerfahrenheit im Aufbau und in der Aufrechterhaltung einer Beziehung
4	The resentful aus dem Englischen: Der Nachtragende, Rachsüchtige	Tatsächlich oder vermeintlich erlittenes Unrecht, welches die Berechtigung für Stalking Verhalten darstellt	Häufig bei professionellen Kontakten, z.B. Ärzte, Rechtsanwälte
5	The predatory aus dem Englischen: Der Beutelüsterne	Sexuelle Befriedigung und Kontrolle über das Opfer	Verfolgung und Beobachtung; Entwicklung immer konkreterer Fantasien betreffend eines sexuellen Übergriffs

Kapitel 7: Lothar Franz - Machtmissbrauch und Mobbing in Unternehmen

Im Jahr 2017 waren rund 1,8 Millionen Arbeitnehmer in Deutschland von Mobbing betroffen.[4] Ich selbst habe es erlebt und aus Berichten erfahren, dass Mobbing in den Betrieben verharmlost wird. Man wird abqualifiziert, Mobbing gibt es einfach nicht. Man ist selbst schuld, erfährt zum Erlebten Unverständnis. Der Vorgesetzte negiert, dass in seiner Abteilung Mobbing geschieht. Ich hatte schon länger das Gefühl, dass über mich schlecht geredet wurde, wenn ich nicht dabei war. Es war ein an den psychischen und physischen Kräften zehrendes Angstgefühl. Dann wurde mir von einem Vorgesetzten bestätigt, was ich schon längst wusste. Kollegen hatten mich „angeschwärzt" und er hatte nun die „ehrenvolle Aufgabe", mir diese Punkte mitzuteilen. In der Definition von Mobbing geht es darum, dass ein bestimmter Mitarbeiter ganz gezielt über einen längeren Zeitraum bei der Ausübung seiner Arbeit behindert wird. Die Behinderung der beruflichen Tätigkeit äußert sich durchaus unterschiedlich, zum Beispiel in der mangelhaften Kommunikation mit dem Betroffenen. Daraus resultieren verschiedene Arten des Mobbings. In einer Studie aus dem Jahr 2017 werden diese Arten benannt und der Anteil der persönlichen Erfahrung angegeben. Diese sind im Einzelnen:[5]

- Vorenthalten von Informationen – 67%
- Schlechtmachen vor Anderen – 62%
- Verbreiten von Lügen – 56%
- „Ins Messer laufen lassen" – 53%
- Nicht beachtet werden – 44%
- Fehlinformationen erhalten – 42%

Vielleicht fragst Du Dich jetzt: „Was hat der Machtmissbrauch mit Stalking zu tun?" Nun, wenn ich an den Begriff „Macht" denke, dann beschleicht mich des Öfteren ein ungutes Gefühl. Auf der einen Seite übt das Gefühl der Macht eine Faszination aus und wir streben nach Überlegenheit. Auf der anderen Seite wird sie immer dann entwertet, verdammt, sogar verteufelt, wenn wir das Gefühl haben, dass sie zum Beispiel in Politik oder Religion missbraucht wird. Dann pervertiert physische oder psychische Überlegenheit und Wissensvorsprung zum Druckmittel, das beim Unterworfenen große Angst hervorruft. So ist der Machtmissbrauch in Unternehmen das Ausnutzen der Hierarchien, das den unterlegenen Mitarbeiter gnadenlos degradiert. Dazu zählt auch das „Bossing". Hier wird das Mobbing von Vorgesetzten ausgeführt. Mitarbeiter werden ausgegrenzt, in Einzel-Büros weit weg von der Gruppe oder Abteilung versetzt. Dabei sind die Grenzen durchaus fließend. Wo hört ärgern oder necken auf und wo beginnt

---

[4] www.absolventa.de/karriereguide/arbeit-und-alltag/mobbing-arbeitsplatz Stand 15.02.2019

[5] ebd. Quelle: statista.de (2017): https://de.statista.com/statistik/daten/studie/1834/umfrage/persoenlich-erlebtes-mobbing/

Mobbing? Dies hängt mit den unterschiedlichen Lösungsstrategien zusammen, die der Betroffene im Laufe seiner Sozialisierung erworben hat. Sind diese Strategien nur unzureichend ausgebildet, wird das Mobbing früher und zugleich heftiger empfunden, wie es vielleicht in Wirklichkeit ist. Trotzdem gibt es in der Praxis nicht **das** typische Mobbing-Opfer. Mobbing kann wirklich jeden treffen.

Ich habe einen Tipp bekommen und sitze an einem wunderschönen Sommertag vor einer Eisdiele und schlecke mein Eis. Dann kommt er und wir begrüßen uns. Nachdem er einen Cappuccino bestellt hat, beginnt er zu erzählen. „Ich war 30 Jahre bei der Firma xyz beschäftigt. Sie ist international aufgestellt und ich hatte auch des Öfteren mit den verschiedensten Niederlassungen zu tun. Über ein Jahrzehnt war ich nie wirklich krank. Das sollte sich jedoch bald ändern. Etwa ab 2013 wurde ich krank, mit sehr starken Schmerzen. Immer wieder musste ich Pausen einlegen und durch die wahnsinnigen Schmerzen erlitt ich ein Trauma. Klar, das gefiel meinem Arbeitgeber nicht. Täglich war ich intimen Befragungen ausgesetzt. „Was haben Sie denn, wann können wir denn wieder mit Ihnen rechnen?" Doch das war erst der Beginn der Nachstellungen. Ich konnte damals nicht ahnen, was mich noch erwartete." Ich frage: „Hast Du denen wirklich die Krankheits-Diagnose mitgeteilt?" „Ja, das machte jeder. Ich habe mir ehrlich gesagt nichts dabei gedacht. Auf jeden Fall wurde mir später ein Strick daraus gedreht. Ich wurde mehrmals operiert, aber die schlimmen Schmerzen wurden nicht wirklich besser. Der interne Druck wurde immer größer. Die „Kollegen" ließen mich spüren, dass ich nicht mehr willkommen war. Ich kann nicht so gut beschreiben, wie sie das anstellten. Es war eine ganz angespannte Stimmung. Eines Tages wurde ich von einem Vorgesetzten in ein Besprechungszimmer bestellt. Nach dem üblichen Geplänkel kam er zur Sache. Er habe den Auftrag zwei Kollegen zu finden, die mich bespitzeln sollten. Sie wurden instruiert, alles Auffällige über mich „nach oben" zu melden. Ich konnte es nicht glauben. Die DDR war schon lange Geschichte, die Drangsalierungen offenbar nicht. Natürlich war ich froh, die Wahrheit zu hören. So konnte ich mich wenigstens darauf einstellen und absolut vorsichtig sein. Ich frage: „Wie ist denn die Sache ausgegangen?" „Ich hatte die Chance, das Unternehmen zu verlassen und ich habe sie ergriffen." Ich bedanke mich und gehe in Gedanken versunken nach Hause.

Wir brauchen eine andere Unternehmenskultur
Wenn ein Mitarbeiter unter dem Machtmissbrauch eines Vorgesetzten leidet, sollte er so schnell wie möglich das direkte Gespräch suchen. Wichtig ist es, zu schildern warum Du Dich ungerecht behandelt fühlst. Der Mitarbeiter sollte nicht erst lange warten, sondern sofort handeln, damit sich solche Verhaltensweisen nicht einschleichen. Im Gespräch mit Deinem Vorgesetzten solltest Du möglichst selbstsicher auftreten. Ich weiß, dass dies nicht einfach ist, wenn man gemobbt wird. Man gerät in die Defensive, fühlt sich schuldig und hat ein Stück weit resigniert. Vielleicht gibt es jemanden im Unternehmen, dem Du vertrauen kannst. Das kann in Tarifgebundenen Unternehmen zum Beispiel ein Mitglied des Betriebsrates sein. Wenn Du Glück hast, kannst Du Dir dort Hilfe holen. Die Vorgesetzten müssen dringend in ihrer Führungskompetenz geschult werden. Dazu

sollten Instrumente in den Unternehmen implementiert werden, die vor allem die menschlichen Fähigkeiten der Vorgesetzten stärken. Dies hat mindestens 2 Mal pro Jahr stattzufinden und die Ergebnisse müssen evaluiert werden.

Welche Folgen hat das Mobbing für die Opfer?

Zu den psychischen Schäden zählen:
- Nervosität, die Hände zittern und Du wirst von Weinkrämpfen geschüttelt.
- Schwierigkeiten, sich zu konzentrieren. Gedanken kreisen ohne Aussicht auf Ruhe und Gelassenheit.
- Selbst nach Jahren leiden die Opfer unter verschiedenen Trauma- Zuständen.
- Angststörungen und extreme Panikattacken.
- Burn-Out
- Kopfschmerzen (Migräne und Spannungskopfschmerzen)
- Essstörungen und Verdauungsprobleme, Magenschleimhautentzündungen und Magengeschwüre.
- Abhängigkeiten, etwa durch Medikamente und Alkohol.

Finanzielle Probleme:
- „Innere Kündigung" (Dienst nach Vorschrift)
- Arbeitsplatzwechsel
- Arbeitslosigkeit
- Eine auf das Mindestmaß beschränkte Abfindung.
- Arbeitsunfähigkeit über die 6-wöchige Lohnfortzahlung hinaus und Zahlung des geringeren Krankengelds.

Meine Forderungen:
Das Thema Mobbing muss in Unternehmen und Betrieben offen kommuniziert werden. Die Betriebsräte und Vorgesetzten werden verpflichtet, mindestens 2 Mal pro Jahr an einer Schulung über „Burn-Out-Prophylaxe" teilzunehmen. Vor allem die Soziale Kompetenz der Vorgesetzten gilt es zu stärken, bzw. zu schaffen, falls nicht vorhanden. Nicht nur die Vorgesetzten beurteilen die Mitarbeiter, sondern die Mitarbeiter erhalten die Möglichkeit, die Vorgesetzten anonym zu beurteilen.

Kapitel 8: Anja Mack - Warum passiert Menschen so etwas?

Nun haben wir die Begriffe geklärt und Du fragst Dich sicher, warum passiert Dir das? Deine Gedanken kreisen, Deine Emotionen fahren Achterbahn. Sicher hast Du Dir die Frage nicht nur einmal gestellt. Bei mir waren es hunderte Male. Immer und immer wieder kreiste dieser Satz in meinem Kopf. Ich habe mich als Opfer gefühlt. Ich habe dann die Entscheidung getroffen, nicht mehr mit mir. Ich lasse mich nicht mehr klein machen. Ich werde mich auch nicht verstecken. Ich muss mich auch nicht schämen, dafür, dass ich einmal dem Falschen vertraut habe.

Wieso? Man kann Entscheidungen treffen und wenn sie falsch waren, korrigiert man sie einfach. Das macht Stärke aus. Heute kann ich dazu stehen. Vor einem Jahr hätte ich das nicht gekonnt. Ja, darum ist das der Grund, dass ich auch heute erst davon erzählen kann. Weil ich erkannt habe, was für einen unglaublichen Mehrwert diese ganze Geschichte für mich hat. Ich möchte, dass Dir bewusst wird, was für ein Geschenk diese Situation für Dich ist.

Ja, Du hast richtig gehört. Es ist ein Geschenk. Doch um das verstehen zu können, solltest Du bereit sein, Verständnis aufzubauen. Verständnis für das, was passiert ist. Schreibe Deine Geschichte auf. Du kannst es kurz und knapp schreiben, Du kannst es auch ausführlich mit jeder Emotion verbinden, die Dich beschäftigt. Fühle es. Wenn Du weinst, weine. Wenn Du lachst, lache. Wenn Du schreien willst, schreie. Wenn Du Aggressionen in Dir verspürst, lass Sie raus. Nimm Dir ein bisschen Zeit für Dich.

Diese Arbeit ist wichtig, dass Du es für Dich verarbeitest. Niemand sagt, Du sollst es jetzt abhaken. Sicher wirst Du wütend sein. Vielleicht hasst Du mich auch dafür, doch später wirst Du verstehen, was ich damit bezwecke. Denn nur so ist Verwandlung möglich. Du sollst lernen, zu verstehen, was passiert mit Dir. Ich möchte, dass in Dir ein Verständnis entsteht.

Bedenke jedoch, es geht zu keiner Zeit um das, was der Stalker oder die Person, die das mit Dir angestellt hat, zu rechtfertigen. Es geht auch nicht darum, wer Schuld hat und wer nicht. Es geht auch nicht darum, es schön zu reden. Es geht auch nicht darum, weiter Opfer zu sein.

Du sollst verstehen, was es mit Dir macht und warum es ein Geschenk ist, dass Dir das passiert. Später werde ich Dir noch ein Ritual zeigen, wie Du Deine Geschichte dann gänzlich loslassen kannst.

Nur durch das Bewusstmachen Deiner Geschichte gelingt es Dir, Verständnis zu schaffen und danach, wenn Du soweit bist, kannst Du auch Vergeben oder Verzeihen. Dazu sind jedoch nur Wenige fähig oder im Stande. Die Einen wollen es oder können diesen Gedanken erst gar nicht mit sich vereinen. Doch ich schreibe das auch nicht, um Dich zu ärgern, sondern um Dir alle Möglichkeiten aufzuzeigen, die Du hast. Welche du für Dich wählst, bleibt immer Dir überlassen. Es sind schließlich nur meine Erfahrungen und Empfehlungen. Doch wenn es für eine Art von Gewaltverbrechen zählt, kann es auch für andere funktionieren. Davon bin ich zu hundert Prozent überzeugt.

Was passiert nun, wenn Du Dich für das Schöpfertum entscheidest so wie ich?

Du lässt los, Du baust Distanz auf zu dem auf, was Dir passiert ist. Ich hoffe, Du hast Deine Geschichte aufgeschrieben. Wichtig dabei ist, dass Du die Emotionen fühlst und durchlebt hast. Denn es ist nie gut, Emotionen runterzuschlucken. Wenn das jemand weiß, dann ich. Klar geht man am Anfang in eine Art Schutzfunktion hinein. Man will es verdrängen. Wenn ich es Jemandem in meinem Umfeld erzählt habe, klang es wie ein Tatsachenbericht, kalt, trocken, sachlich und ohne jegliche Emotion.

Ich habe dann versucht, mir Hilfe zu holen. Ich war bei mehreren Psychiatern, ich habe zu dem Zeitpunkt noch voll gearbeitet. Denn manche lenken sich ab mit Arbeit, andere wiederum nicht. Doch als ich merkte, was es alles für Folgen mit sich bringt für mich als Betroffene, wusste ich, jetzt brauche ich Hilfe. Nur weil Dir jemand hilft, heißt es nicht, dass Du verrückt bist oder geistig nicht auf der Höhe. Diese Sachen sind bis heute ein Tabu, darüber redet kaum ein Mensch. Und wenn es Dir geholfen hat, fragt später kein Mensch mehr danach. Dein Umfeld ist froh, dass Du noch lebst und Dein Leben wieder im Griff hast.

Auf dem ganzen Weg habe ich gemerkt, wie wichtig Dein Umfeld dabei ist und wie wichtig es war, dass ich mein Umfeld eingeweiht habe. Erst nach sechs Monaten habe ich mein Umfeld einbezogen. Ich habe mich so geschämt, hatte Angst. Erst als ich mich entschlossen hatte, dem ein Ende zu machen, zur Polizei zu gehen und eine Anzeige zu machen, war für mich klar, so nicht, nicht mit mir.
Jetzt hatte ich nicht mehr Angst vor Ihm. Jetzt war es an der Zeit, Grenzen zu setzen. Ein Thema, das mich schon eine Weile begleitet hat. Nun ist es an der Zeit zu sagen, so bis hier hin und nicht weiter.

Ich hatte dann nicht mehr Angst davor, dass er mich klein gemacht hat. Gegenwärtig hatte ich Angst davor, ob ich es kann, darüber zu reden. Jetzt habe ich plötzlich Eines verstanden, warum mir das passiert ist.

Denn darin liegt mein Schlüssel zu meiner Selbstständigkeit. Du musst wissen, zu dem Zeitpunkt hatte ich beschlossen, mein altes Unternehmen zu verlassen, da ich mich neu orientieren wollte. Mitunter habe ich den Druck nicht mehr ausgehalten, den ich einerseits privat hatte, finanziell und jetzt auch noch so ein Irrer, der mich stalkt, erpresst und sich weiß Gott was einbildet.

Ich habe mir helfen lassen. Heute bin ich mehr daran gewachsen, als ich je zu hoffen gewagt hätte. Ich mache mich jetzt selbstständig als Coach. Ich weiß, ich habe eine Botschaft, ich weiß, ich habe Talent, es Anderen zu vermitteln. Jetzt heißt es nochmal eine Entscheidung treffen und zwar sich zeigen oder nicht.

Ja. War meine Antwort. Jetzt kam die Angst, größer zu sein als ich wirklich bin. Ich bin wie Du nur ein Mensch, der etwas erlebt hat und sich jetzt traut, das öffentlich zu sagen. Ich habe jetzt den Mut, meine Fähigkeiten voll zu entfalten. Und diese Macht hat jeder von uns. Denn Du bekommst damit so einen Schub, so eine Energie. Plötzlich machte jede Begegnung, die ich je in meinem Leben hatte, Sinn. Doch ich musste mir auch klarmachen, dass ich die Angst loslassen wollte, sonst kann ich nicht von innen heraus leuchten. Mir war klar, ich will es aufarbeiten, Durchleben und verstehen.

Gesagt, getan. Ich gab mir dafür 30 Tage. Denn ab 01.03.2018 wollte ich mich auf meine Selbstständigkeit konzentrieren. Ich hatte zu dem Zeitpunkt im Januar noch keine Ahnung, was für Auswirkungen das haben wird. Doch es ist eine Entscheidung, die ich traf und seitdem fließt alles in meinem Leben. Klar ist der Stalker noch da draußen und klar ist es eine Herausforderung, jeden Tag aufs Neue. Doch ich möchte auch Dir heute und hier Mut machen, Dich nicht aufzugeben. Es kann passieren was will, man kann dich einsperren, klein machen. Doch man kann Dir nie Deinen Glauben nehmen. Man kann Dir drohen, Dich beschimpfen und grausam bestrafen. Doch Deine Gedanken und Dein Wissen kann Dir keiner kaputt machen. Denn Deinen Glauben kannst Du verteidigen.

Die Leute können auf Dich einreden, Dein Stalker kann immer wieder auf Andere einreden, Zweifel erwecken, Lügen verbreiten, kann dafür sorgen, dass die Menschen Dich hassen, dass Du weinst und Dich verbiegst.

Doch eines ist klar, er würde es nie schaffen, dass ich mich aufgebe. Denn wenn Du an Dich glaubst, wenn Du den Willen und die Liebe in Dir hast, schaffst Du es in jeder Krise mit diesem Gefühl alles zu besiegen. Keiner kann in Dich hineinschauen, keiner kennt Deine Träume so gut wie Du. Keiner weiß besser um Deine Fantasien als Du.

Man kann Dir die Magie im Leben nehmen, vielleicht noch den Glauben an die Magie, dass Träume wahr werden, den Glauben an die Menschheit kannst Du verlieren, Du kannst Angst kriegen, Panikattacken. Dein Stalker kann noch so schlechte Geschichten verbreiten und es aussehen lassen als wärst Du verrückt oder gar wahnsinnig.

Doch eines ist sicher, wenn Du den Lebenswillen hast, weiter zu machen, weißt Du auch, er hat es nicht geschafft, Deine Selbstliebe zu zerstören oder verstummen zu lassen. Er hat sie geschwächt, indem er Dir das Gefühl gab, Du bist klein oder schaffst es nicht anders. Du wärst nichts ohne Ihn. Du kannst nichts. Nun ist er derjenige, der denkt, er könnte Dir helfen. Falsch gedacht. Ändere den Fokus auf das was Du kannst, auf das was er nicht beherrschen kann: Deine Gedanken. Wandle Sie um.

Richte den Fokus neu aus. Setze die Segel neu wie ein Schiff, das seine Segel neu ausrichtet. Er könnte Dir alles nehmen. Du kannst noch so viele Mauern aufbauen um Dich, es ist alles nur Fassade. Und Deine Seele, Dein Unterbewusstsein, Deine innere Stimme, wie auch immer Du es nennen willst. Es vergisst nicht. Dein Herz bewahrt alles auf in Dir, den Glauben an das Gute, das Wahre, an eine bessere Welt. Es sehnt sich danach. Es will Dich befreien aus Deinem dunklen Kerker. Will, dass Du die Mauern, die Du um Dich errichtet hast, einreißt. Dass Du wieder an Dich glaubst.

Und so sucht es Möglichkeiten mit Dir zu kommunizieren, solange und oft auch so schmerzhaft, dass Du Dich mit ihm befasst. Ihm zuhörst. Eigentlich ist es ein in die Stille gehen und Dir selbst lauschen. Es ist komisch, träumen tust Du ja trotzdem noch von einem besseren Leben. Du glaubst trotzdem noch, dass Du fliegen kannst, Dich wieder neu verlieben möchtest. Spaß haben kannst. Es kann Dich noch so quälen, was er sagt und Dir die Augen davor verschließen.

Doch er kann es nicht schaffen, Dich von Deinen Träumen zu trennen. Er kann es Jahre mit Dir machen. Doch die Träume vergehen nicht. Es ist, als wäre die Kommunikation zeitlos. Er verbreitet weiter Schrecken und hetzt die Menschen gegen Dich auf. Doch er kann Dir niemals Deinen Glauben nehmen, an Dich und eine bessere Welt. Deinen Glauben daran, dass auch wieder Wunder für Dich geschehen. Also richte den Fokus wieder auf die Dinge im Leben, die Dir helfen, Dich ablenken. Höre gute Musik, die Dir Freude macht, bei der Du singst und tanzt. Gehe zum Sport, gehe essen und triff Freunde.

Genau wie Du, habe ich mir oft die Frage gestellt, warum passiert mir das? Jetzt musst Du wissen, ich beschäftige mich seit meiner Kindheit mit der Frage, wer bin ich, woher komme ich, wohin gehe ich? Was ist mein Weg? Ich habe die Dinge in meinem Leben schon immer hinterfragt. Ich wollte schon immer wissen, was gibt es mehr zwischen Himmel und Erde, was wir nicht erklären können oder mit dem Verstand nicht greifen können. Ich bin mit dieser Frage aufgestanden und ins Bett gegangen und das fast sechs Monate. Ich wollte wissen, was soll es mir sagen. Was ist der Hintergrund dessen.
Nun fing ich an mich zu studieren.

Ich erkannte, dass der Stalker mir nur etwas spiegeln möchte. Er zeigte mir auf, was ich noch nicht begriffen hatte.

Heute kann ich Dir die Antwort auf diese Frage geben, die ich mir immerzu gestellt habe:

Warum ist mir das passiert?

Ich glaube fest an Wiedergeburt und Reinkarnation. Schon auf meinen Reisen nach Indien, Australien, Asien und Afrika begegneten mir immer wieder Menschen, die damit konfrontiert wurden. Ob Nahtoderlebnisse, schwere Krankheiten, die diese Menschen überwunden haben oder noch tragischere Geschichten als die meine.

Doch das hat mich nicht mehr losgelassen. Ich wollte verstehen, wie schaffen die Menschen es, dass Sie aus dieser Situation immer das Beste ziehen. Ganz einfach, ich weiß nicht, ob Du die Geschichte der Seele kennst, die mit Gott sprach. Ich weiß nur eins, ich glaube, dass es mehr gibt zwischen Himmel und Erde, was andere nicht erklären können. Die einen nennen es Gott, die anderen nennen es Allah, wieder andere nennen es Universum. Für mich ist alles dasselbe, nur findet Jeder ein anderes Wort dafür. Ich glaube auch daran, dass, wenn wir als Mensch auf diese Erde kommen, erhalten wir unsere Hülle, unseren Körper nur als Leihgabe. Wir sollten Ihn also achten, ehren und gut pflegen.

Doch wir tun das nicht immer. Wir haben nur ein Leben, welches uns geschenkt wurde. In diesem gilt es das Beste aus uns heraus zu holen. Und das auch zu leben. Es gibt keinen Grund, warum Du Dich verstecken musst. Es gibt keinen Grund, Dich zu schämen, für was auch immer. Es gibt keinen Grund, bescheiden zu sein. Es gibt auch keinen Grund dafür, wieso Du nicht mehr verdient hast im Leben. Ich sage Dir auch, warum.

Du bist ein Kind Gottes, so steht es schon in der Bibel. Bei Gott, ich bin nicht so gläubig, doch irgendwoher müssen diese Worte ja kommen. Nun steht fest, Du hast einen Körper, den wirst Du so sicher wie das Amen in der Kirche auch wieder verlassen. Das heißt auf gut Deutsch, Du wirst früher oder später sterben. Ob Du das nun willst, ob Du das nun großartig findest oder nicht. Dich fragt auch keiner danach, ob Du sterben willst, wann oder wie. Das steht auch fest. Du hast es nicht in der Hand.

Doch Du hast in der Hand, wie Du **Leben** willst. Wie willst Du, dass man über Dich spricht? Was soll man von Dir erzählen? Das waren die Fragen, die ich mir in meinem Leben gestellt habe. Und glaube mir, während meiner Schulzeit haben meine Mitschülerinnen und Mitschüler immer gesagt, die Anja ist komisch. Sie ist anders, sie spinnt, sie ist nicht normal. Ja, so habe ich mich auch gefühlt. Viele haben mir in meiner Kindheit schon gesagt: Anja, Du bist nicht von dieser Welt. Ja, ich fühlte mich anders. Ich habe mich nicht verstanden gefühlt. Ja, ich mache die Dinge immer anders als andere, auch heute noch.

Jetzt weiß ich, anderssein ist weder gut noch schlecht. Heute weiß ich, diese Art der Einzigartigkeit macht jeden Menschen und jedes Individuum erst besonders.

Ich musste erst lernen, mich zu verstehen. Ich musste erst 30 Jahre alt werden, um zu verstehen, wer ich heute bin. Ich bin eine reife Seele. Alles, was mir im Leben widerfahren ist, macht mich heute aus.

Das ist meine Geschichte. Das ist alles, wer und was ich heute bin. Anja, eine wundervolle Frau, die den Menschen helfen möchte. Ich möchte Dir helfen, zu erkennen, wer Du wirklich bist. Du bist nicht nur die Frau oder der Mann, der oder die über ihr Aussehen definiert wird.

Du bist nicht nur die Frau oder der Mann, welche über ihre Noten in der Schule definiert wird. Du bist nicht nur die Anzahl von Euros auf Deinem Bankkonto oder die Anzahl von Autos in Deiner Garage. Du bist nicht nur die Anzahl an Likes auf Facebook oder Instagram.

Du bist auch nicht die Anzahl Mitarbeiter in Deinem Unternehmen oder die Anzahl an Frauen oder Männern, mit denen Du verheiratet warst. Du bist auch nicht die Anzahl an Geschichten, in denen Du vielleicht ein Opfer warst oder sogar selbst Täter. Ich könnte Dir noch weitere acht Milliarden Gründe aufzählen, was Du noch nicht bist.

Das ist wieder interessant. Wir wissen immer zuerst, wer wir nicht sind oder sein wollen, selten jedoch, wer oder was wir sein können. Keiner weiß, wer er oder sie wirklich ist. Ich wusste es doch selbst nicht. Heute weiß ich, wer ich bin. Ich habe in der Hinsicht nur einen Wunsch: Ich möchte Dir zeigen, was Dir diese Erfahrung sagen soll. Ich möchte meine Erfahrungen mit Dir teilen.

Du hast nur vergessen, wer Du bist. Doch tief in Deinem Inneren weißt Du, wer Du bist. Eine Seele, die ein Talent oder eine Fähigkeit besitzt, die sie nach außen tragen soll und möchte. Etwas, dass nur Du kannst. Nur DU kannst in Deinem Körper leben. In dem Bewusstsein, mit allem was ist, war und sein wird in Deinem Leben. Im Bewusstsein, Du tust dies, drückst Du Dich aus. Du gibst Dir eine Stimme. Du gibst Deiner Seele eine Stimme. Du machst anderen Mut.

Und glaube mir, wenn ich das kann, kannst Du das auch. Die Welt braucht heute vor allem Frauen als Vorbilder, die den Menschen zeigen, was sie längst vergessen haben. Es wirkt wie eine lebendige Erinnerung. Und so kannst Du anderen zeigen, dass auch Sie aus dem Opferdasein ausbrechen können. Sicher erscheint es Dir sehr leicht, wenn ich das schreibe. Denkt es in dir, das kann ich nie. Sie hat nur Glück im Leben, bei mir funktioniert das nicht.- Es ist nur deine eigene Begrenzung, die Dir dieses Bild vermittelt und den Eindruck bei Dir hinterlässt.

Doch glaube mir, die leichten Dinge im Leben sind die Schwierigsten. Du kannst Dich jedoch auch entscheiden, Opfer zu bleiben. Doch glaube mir diese Entscheidung und diese Hölle wollte ich nicht mehr erleben.

Geh raus in die Welt und zeig Dich. Das Leben bietet so viel mehr als all den Schmerz, den du vielleicht fühlst und gerade aushältst, bis er Dich besiegt und irgendwann aufgefressen hat.

Kapitel 9: Lothar Franz - Machtmissbrauch in der Wissenschaft

Ist der Traum von der „freien Lehre" nur ein Alptraum? Wenn man sich mit dem Thema „Machtmissbrauch in der Wissenschaft" beschäftigt, könnte man diesen Eindruck gewinnen. Frappierend ist, dass hier als Grundlagen des Mobbings steile Hierarchien und mangelnde soziale Fähigkeiten der Lehrenden auftauchen. Gleichzeitig ist die Abhängigkeit der Doktoranden und der Leistungsdruck, unter dem sie leiden Motor von Machtmissbrauch im Wissenschaftlichen Kontext. Im Frühjahr und Sommer 2018 sorgten zwei Max-Planck-Institute für erschreckende Schlagzeilen. In den Medien berichteten Wissenschaftler, sie seien von Vorgesetzten unter Druck gesetzt und über Jahre hinweg schikaniert worden.[6] Dass Machtmissbrauch nicht nur ein männliches Problem ist, beweisen hier Vorwürfe gegen 2 Frauen: Es geht um Guinevere Kauffmann vom Max-Planck-Institut für Astrophysik (MPA) in Garching und um Tania Singer vom MPI für Kognitions- und Neurowissenschaften in Leipzig. Die Vorwürfe sind vielfältiger Natur: diskriminierende E-Mails, Demütigungen, die Drohung Arbeitsverträge nicht zu verlängern auf der einen, sowie mangelnde Empathie-Fähigkeit auf der anderen Seite. Die Reaktionen sind reflexartig: Schuld sind die Medien, bzw. Fehlinterpretationen auf Seiten der Mitarbeiter. Der Arbeitspsychologe Christof Baitsch meint: *„Die strukturelle Abhängigkeit ist in der Wissenschaft häufig sehr hoch, zuweilen herrschen fast „feudalistische" Zustände.* [7] Immerhin: Das Max-Planck-Institut hat reagiert: Frau Kauffmann wurde bereits Ende 2016 verpflichtet, an einem persönlichen Coaching-Programm teilzunehmen. Tania Singer legte in 2018 ein „Sabbatjahr" ein und beide mussten ihre Arbeitsgruppen verkleinern. Im Jahr 2018 reagiert die Max-Planck-Gesellschaft und verfasst ein umfangreiches Positionspapier.[8] Dort heißt es: *„Kürzlich erschienene Pressemeldungen zeigen nur die Spitze des Eisbergs auf. Als Vertretung von Doktoranden sehen wir den Missbrauch von Macht in der Wissenschaft und die Probleme, die bei der Konfliktmediation auftreten, als strukturelles Problem des aktuellen Wissenschaftssystems."* Wir sehen hier ganz deutlich, dass die Redensart: „Der Fisch stinkt zuerst am Kopf" absolut stimmt. Die Max-Planck-Gesellschaft (MPG) erkennt, dass die Probleme vom akademischen System als Ganzem erkannt werden müssen. Nur so können gemeinsame Lösungen erarbeitet werden. Dabei werden 4 Felder in den Blick genommen:

1. Die Vorsorge von Konflikten und Machtmissbrauch.
2. Der Schutz der Opfer.
3. Ein unabhängiges Komitee, das extern angesiedelt ist hat die Aufgabe, bei Konflikten durch Mediation Kompromisse zu erzielen.
4. Mit welchen Konsequenzen müssen Täter rechnen?

---

[6] www.spektrum.de/news/macht-und-machtmissbrauch-in-der-wissenschaft/1605292 Stand 19.02.2019
[7] ebd.
[8] „Machtmissbrauch und Konfliktlösung" Max-Planck PhDnet Positionspapier, August 2018. Zuletzt abgefragt am 19.02.2019

Dieses Positionspapier kann richtungsweisend für alle wissenschaftlichen Institute sein. Es zeigt, wie wichtig Coaching-Maßnahmen für die Lehrenden sind. Unter der Überschrift „Prävention" heißt es dazu: „Jede Führungspersönlichkeit in der MPG, die mit der Betreuung von Doktoranden betraut ist, muss verpflichtende und regelmäßige Führungstrainings absolvieren, die Module zu Kommunikation, Konfliktlösung und Betreuung beinhalten, sowie für Verhalten sensibilisieren, das dem Verhaltenskodex der MPG und Sicherheitsbestimmungen widerspricht."

Die MPG reduziert den Druck für Doktoranden, indem sie die Anstellung und Bezahlung bis zur Fertigstellung der Promotion zusichert. Doch das Positionspapier geht noch weiter: Die MPG schlägt vor, einen einheitlichen Verhaltenskodex zu formulieren, der durch ein externes unabhängiges Komitee überwacht wird. Die Ergebnisse bei angezeigtem Machtmissbrauch sollen regelmäßig und transparent allen beteiligten Parteien mitgeteilt werden.
Die Konsequenzen für Machtmissbrauch und Belästigung können in einem „worst-case" Szenario bis zu einem umfassenden Verbot Doktorandinnen zu betreuen und ihnen langfristig Verträge auszustellen reichen.

Kapitel 10: Hilfe annehmen / weitere Tipps – Anja Mack

Erst einmal gebe ich Dir einen Überblick über die möglichen Verhaltensweisen eines Stalkers / Stalkerin. Dies sind nur einige wenige Beispiele. Für mich die prägnantesten und häufigsten, die ich im Laufe der Zeit festgestellt habe.

- Unerwünschte Kommunikation durch Telefonanrufe oder SMS (zu jeder Tages- und Nachtzeit) es scheint, als würde Dein Stalker nie schlafen.

- Schriftlicher Kontakt per Brief oder E-Mail, meist Beides im Übermaß.

- Penetranter Aufenthalt in der Nähe des Opfers, bis hin zum Ausspionieren der Umgebung und des Umfelds des Opfers.

- Beobachten, Verfolgen, Hinterhergehen, Hinterherfahren. Man fühlt sich als Opfer wie ein gejagter Fuchs.

- Kontaktaufnahme über Dritte, denen falsche Tatsachen oder Lügen erzählt werden. Jedes Mittel scheint ihm recht zu sein. Hauptsache, es tut weh und ruiniert den Ruf.

- Zusenden von Blumen und Geschenken, die sehr makaber und sogar geschmacklos sind.

- Verbreitung von Unwahrheiten und Gerüchten, Spinnen von Intrigen, die so ausgeklügelt sind, dass, wenn man versucht, diese aufzudecken, schon merkt, wie durchdacht das Ganze ist.

- Auf sozialen Netzwerken ist es ganz schlimm. Er teilt alle Informationen, nimmt Fotos, die öffentlich sind und waren, verbreitet alles Mögliche über Facebook, Twitter, egal welche Plattform er kennt, er nutzt sie Alle.
- Hinterlassen von Nachrichten (z.B. an der Haustüre, am Arbeitsplatz oder am Auto).

- Betreiben derselben Freizeitaktivitäten, er wird Dein größter Fan und alles was Du machst, macht er plötzlich auch. Er hebt Dich in den Himmel. Das tat er jedoch schon vorher.

- Er fängt auch an, Deine Meinung zu vertreten, hat plötzlich ähnliche Hobbies wie Du etc.

- Besuchen derselben Einkaufsläden, je nachdem, wie nah er wirklich wohnt.

- Bestellen von Waren oder Dienstleistungen im Namen des Opfers.

- Eindringen in die Wohnung.

- Beschmutzen, Beschädigen, Zerstören von Eigentum des Opfers.

- Schreiben von Beiträgen in Internetforen im Namen des Opfers auf Social Media. Es sieht für Außenstehende so aus als hätte das Opfer schon eine Beziehung, hätte sich getrennt und ist jetzt verschwunden. Doch der oder die Betroffenen haben nur den Kontakt abgebrochen.

- Diffamierung des Opfers in Internetforen.

- Provozieren von "zufälligen" Begegnungen, es ist eine Art Auflauern.

- Aushorchen von Dritten, um Informationen über das Opfer zu erlangen.

- Sammeln von Informationen über das Opfer (Tagesablauf, Gewohnheiten, Arbeitsplatz, Telefonnummern, E-Mail-Adressen, soziale Kontakte, etc.). Dies tut er schon, seit er sie kennt. Er stellt viele Fragen, um an die Informationen zu kommen, sonst findet er Mittel und Wege, wie er an diese kommt.

- Verletzen oder Töten eines Haustieres des Opfers in ganz schlimmen Fällen.

- Verbale Beschimpfung und Gewaltandrohungen gegen das Opfer oder dessen Angehörige (Morddrohungen, Erpressung, alles was weh tut und Spuren hinterlässt bzw. Eindruck von Angst erweckt).

- Tatsächliche körperliche (z.B. sexuelle) Übergriffe auf das Opfer, das geht einher mit einer Vergewaltigung.

Also, wie du siehst, die Gradwanderung der Gewalt zu anderen Straftaten ist klein.

Ich weiß, Du willst das nicht hören, lesen oder sonst etwas. Doch nur so schaffst Du ein Bewusstsein dafür. Du schaffst es, zu realisieren, dass sein Verhalten bestraft werden muss und keinesfalls geduldet werden kann. Lass also nie zu, dass ein Mann / Frau so etwas mit Dir macht. Sei ehrlich zu Dir und hole Dir Hilfe. Wenn Dir jemand Hilfe anbietet, nimm sie an.

Anbei meine Beobachtungen, welche Folgen das für Betroffene hat.
Zunächst einmal: Jeder Mensch kann Opfer von Stalking werden, da gibt es keine Ausnahme. Selbst heutzutage, mit den sozialen Medien und der Art, wie heute Marketing gemacht wird, kann man sagen, das wäre Stalking der Kunden.

Dabei handelt es sich um Informationen, mit denen die Firmen Statistiken füllen. Fans folgen ihren Stars und Sternchen, doch genau das sind die unberechenbarsten Medien und immer mit Vorsicht zu genießen. Habe ich deshalb meine Accounts gelöscht? Nein, denn ich mache mich gerade selbstständig. Mein Gedanke war eher der, volle Kraft voraus.

Am Anfang habe ich die Sozialen Medien runtergefahren. Nun fahre ich sie wieder hoch. Das sind die besten Möglichkeiten, um Werbung und Marketing zu betreiben. Wenn man weiß, wie. Dazu gehört Mut.

Ich habe die Macht über mein Leben und Keiner hat das Recht, mich so in meiner Lebensqualität einzuschränken, wie er es getan hat. Dies ist jedoch meine ganz persönliche Meinung und Entscheidung. Jeder geht mit der Situation anders um. Also vergleiche Dich nicht mit Anderen. So, wie Du es für Dich machst, ist es richtig.

Die Folgen sind sehr individuell und hängen sowohl von der Art und vom Ausmaß des Stalkings ab als auch von den persönlichen Ressourcen des bzw. der Betroffenen.

Für viele Opfer stellt das Stalking eine chronische Stresssituation dar. Bei mir war der Druck, der plötzlich auf mir lastete, enorm, dem ich mich nur schwer entziehen konnte. Dazu kamen bei mir: schwere seelische Schäden, Schlaf- und Konzentrationsstörungen, Hilflosigkeitsgefühle, Angstzustände sowie allgemein negative Veränderungen im Gemütszustand bzw. eine sukzessive Schwächung der Leistungsfähigkeit und des Selbstwertgefühls.

Dies war sogar schon nach kurzer Zeit für mein Umfeld wahrnehmbar. Jedoch nicht in der Anfangszeit, als ich noch nicht wusste, dass ich von einem Irren verfolgt wurde.

Erst als es sich zuspitzte. Auch der Bewegungsfreiraum der Opfer wird eingeschränkt: Wohn- und Arbeitsplatzwechsel sind ebenso häufige Erscheinungen wie zunehmende soziale Isolation durch den Wunsch nach Schutz vor dem Stalker oder der Stalkerin. Man will sich nicht mehr mit Freunden treffen, aus Angst, er könnte einem auflauern. Begleitet wird dies von dem Gefühl, ständig beobachtet zu werden.

Nun kommt der wohl wichtigste Teil, was kann ich als Opfer überhaupt tun?

Die nachfolgenden Verhaltensregeln sind aufgelistet und zusammengetragen. Sie werden von einer Fachstelle für allgemeine Gewalt, der Polizei, Kriminalpolizei, Organisationen etc. empfohlen.

- Jeglichen Kontakt mit der belästigenden Person radikal abbrechen. Ihr möglichst früh, unmissverständlich und ohne affektive Beteiligung mitteilen, dass kein Kontakt erwünscht ist. Aus Beweisgründen erfolgt dies möglichst in Anwesenheit von Zeugen oder mittels eines eingeschriebenen Briefs.

- Alle noch zu regelnden Formalitäten (z.B. im Scheidungs- oder Sorgerechtsbereich) geschehen von diesem Zeitpunkt an nur noch über Mittlerpersonen oder einen Rechtsbeistand. Es ist enorm wichtig, dass dieses Vorgehen konsequent durchgezogen wird. Auch das kleinste Anzeichen, das darauf deuten lässt, das Opfer wolle wieder Kontakt aufnehmen (auch „das allerletzte Mal"), kann den Stalker zum Weitermachen ermutigen. Dies erfordert viel Geduld, Disziplin und Nerven. Ich kenne das. Man meint, jetzt ist Ruhe und dann kommt der Tag X, an dem der Täter wieder Kontakt aufnimmt. Es ist so wichtig, er müsse unbedingt mit Einem sprechen, es gäbe da etwas super Wichtiges, was man wissen muss. NEIN gehe nie, nie, nie, nie, darauf ein.

- Eine Gewalt- oder Opferberatungsstelle aufsuchen, die Betroffene kompetent über weitere Maßnahmen informieren und unterstützen kann.

- Es gibt überall Notfall-Telefone der Organisationen. Ich war so dankbar, dass ich den Mut hatte anzurufen, denn das war mein erster Schritt in Richtung Hilfe. Also nutze sie. Wenn Du um Hilfe bittest, wird sich zum richtigen Zeitpunkt auch die richtige Organisation für Dich auftun.

- Nachbar/Innen, Bekannte, Freund/Innen, Arbeitgeber/In und Arbeitskolleg/Innen von Belästigungsvorfällen in Kenntnis setzen und somit die unbeabsichtigte Weitergabe von Informationen über das Opfer durch diese Menschen vermeiden. Außerdem bringt dies einen gewissen Schutz und Verständnis für das Opfer. Mir hat es sehr geholfen, dass ich offen darüber gesprochen habe. Sicher ist es nicht leicht und man muss auch nicht jedem die Geschichte im Detail erzählen. Mich hat es enorm viel Überwindung gekostet, darüber zu sprechen, sowohl bei der Arbeit als auch in der Familie. In der Firma habe ich es nur den engsten Vertrauten erzählt, es wird überall viel getratscht und geredet. Ich habe auch nur erzählt, dass ich Opfer einer Straftat geworden bin und ein bisschen erklärt, was bei mir los ist. Das zeigt, dass es nichts mit der Arbeit zu tun hat. Oft erweckt es beim Arbeitgeber den Eindruck, man habe keinen Spaß mehr an seiner Tätigkeit, obwohl man diese vielleicht geliebt hat und sehr gerne seinen Job gemacht hat.

- Unbestellte Warensendungen oder Dienstleistungen auf keinen Fall annehmen! Bereits zugestellte Briefe oder hinterlassene Botschaften am Auto oder sonstiges unbeantwortet lassen und im Sinne der Dokumentation aufbewahren. Das Gleiche gilt für belästigende und/oder drohende E-Mails, SMS-Mitteilungen oder Aufzeichnungen des Anrufbeantworters. Solch ein Beweismaterial kann für das polizeiliche Handeln oder eine fällige Strafanzeige bedeutend sein. Also jeden Kontakt notieren und dokumentieren. Ich habe in meiner Zeit einiges weggeworfen, ich wollte es einfach vergessen. Es ist mühsam, kann jedoch später als Beweis dienen. Wenn Pakete kommen, diese unbedingt sofort zurücksenden. Man kann jede Annahme von Paketen und Briefen verweigern. Doch Irgendetwas kommt immer an, das ist so. Es erfordert viel Geduld und Nerven. Doch glaub mir, es wird aufhören. Versuche dich immer auf das zu fokussieren, was du möchtest. Das wird früher oder später eintreten. Das erfordert Training, doch so wie du Deinen Muskel trainierst, so kannst du auch Dein Mindset trainieren.

- In manchen Fällen ist es sinnvoll, einen zweiten Telefonanschluss einzurichten und die neue Nummer nur an Vertrauenspersonen weiterzugeben. Die herkömmliche Nummer nicht abmelden, um die Neugier des Stalkers nicht noch zusätzlich zu steigern. Stattdessen bei jedem Anruf den automatischen Anrufbeantworter mit einer von einer Drittperson aufgezeichneten Durchsage aktivieren lassen. Eine Anrufliste durch die Telefongesellschaft erstellen lassen. Das muss jeder für sich entscheiden. Ich persönlich fand es nervig, denn heutzutage kann man schnell eine neue Nummer erhalten. Auch für den Täter ist es sehr leicht, an eine neue Nummer zu kommen. Das war mir auf die Dauer zu kostspielig. Außerdem hätte ich dann nur noch Angst und Panik, selbst wenn mich mein Zahnarzt anrufen würde, mit einer neuen, mir nicht geläufigen Nummer. Heutzutage hat jedes Smartphone die Funktion, Nummern sowie Kontakte blockieren zu können. Ich habe alle Nummern gesammelt, blockiert und kein Anruf kam bisher mehr durch.

- Jeden Vorfall notieren und mit Datum und Ort versehen. Um die Schwere der Belästigungen vor Gericht beweisen zu können, muss eine gewisse Dynamik des Falles transparent sein. Mühsam, doch so ist es.

- Sich als betroffene Person das grundlegende Wissen über das Phänomen Stalking aneignen. Vielen Menschen hilft es auch zu wissen, dass sie weder ein Einzelfall sind, noch die Schuld an der Situation tragen. Vergiss nie, nur weil du den Stalker erschaffen hast, es ist nicht Deine Schuld was er mit Dir macht. **Du bist immer noch ein Geschenk für diese Welt und etwas ganz Besonderes.**
Doch möchte Deine Seele etwas Besonderes lernen oder sagen. Du wirst es früher oder später verstehen, oder für Dich herausgefunden haben. So wie ich ein Buch schreibe, um anderen Frauen Mut zu machen. Ich weiß, das ist kein Trost. Oft auch keine Hilfe oder eine Erklärung. Doch mir hat es geholfen, dieser Frage nachzugehen. Ich habe sowohl mich studiert, mein Verhalten als auch das meines Stalkers.

- Manche Opfer besuchen einen Selbstverteidigungskurs oder nehmen regelmäßig an Treffen von Selbsthilfegruppen teil. Dies kann das durch Stalking angeschlagene Selbstbewusstsein des Opfers stärken. Ich habe exzessiv Sport gemacht, alle Kurse besucht, die es im Fitnessstudio gab. Boxen, Karate, Yoga zur Entspannung. Mir hat es sehr geholfen. Es war ein Ventil für mich, um die Wut rauszulassen. Dein Täter hat auch nur ein Ziel, Dich aus der Fassung zu bringen.

- Die Polizei unverzüglich über alle Annäherungs- und Verfolgungsversuche sowie belästigende Handlungen informieren. Entscheidest Du Dich als betroffene Person, strafrechtliche Schritte gegen den Stalker zu unternehmen, ist es empfehlenswert, sich vorher umfassend fachlich beraten zu lassen und mit der Staatsanwaltschaft Kontakt aufzunehmen. Der zivilrechtliche Rechtsweg ist für rechtsunkundige Opfer anspruchsvoll und sollte mit einem Rechtsbeistand durchlaufen werden. Er ist langwierig und nicht immer einfach. Da man oft nicht viel erreicht und wenn, dauert es sehr lange. Man braucht auf jeden Fall viel Geduld und Ausdauer.

Die meisten Stalker haben kein Unrechtsbewusstsein, das heißt, ihnen ist das Unrecht ihrer Handlungen nicht bewusst. Dadurch ist es erfahrungsgemäß sehr schwierig, sie zu stoppen. Je länger ein Opfer das Verhalten des Täters duldet oder erträgt, bevor es sich Hilfe holt, desto mehr wird der Stalker sowohl von der Richtigkeit seines Tuns als auch von dessen Erfolg überzeugt sein. Das ist leider ein Fakt, den ich Dir als Betroffene nicht verschweigen möchte.

Ein Stalking Opfer sollte demnach umgehend professionellen Beistand in Anspruch nehmen. Stalker geben ihr Verhalten meist nicht auf, ohne Grenzen aufgezeigt bekommen zu haben. Nur ein konsequentes Vorgehen kann dem Stalker nachhaltig Einhalt gebieten. Traurig, aber wahr.

Kapitel 11: Lothar Franz - Machtmissbrauch in Psychotherapie und Beratung

Du hast Dir die Finger wund telefoniert. Entweder wurde der Hörer nicht abgenommen, oder man hat Dich vertröstet. „Ich kann Sie auf die Warteliste setzen. Sie müssen mit einer Wartezeit von einem halben Jahr rechnen." Dann, irgendwann hast Du endlich einen Platz gefunden und niemand hat Dir erzählt, dass Du bei einem niedergelassenen Therapeuten das Recht auf 5 probatorische Sitzungen hast. Jetzt ist der Tag gekommen, an dem Du dem Therapeuten gegenübersitzt. Am Anfang ist alles gut. Und so soll es ja auch sein. Denn schließlich soll das Ergebnis einer Therapie oder Beratung ja die Linderung Deiner Leiden sein. Und das mächtigste Werkzeug einer Beratung ist die Therapeutische Beziehung. Eine Therapie kann nur gelingen, wenn eine vertrauensvolle Beziehung aufgebaut werden kann. Ich sehe meine Rolle als Coach und Berater in einer Art empathischen Distanz. Der Therapeut sollte sich darüber im Klaren sein, dass eine gewisse Abhängigkeit für den Klienten entsteht. Also geht es auch in dieser Beziehung letzten Endes wieder um Macht. Und da ist die Sensibilität des Therapeuten gefragt. Wenn der Therapeut jedoch für eigene Zwecke missbraucht, etwa zur Befriedigung von sexuellen Bedürfnissen, bedeutet dies einen massiven Vertrauensbruch. Dabei liegt die Verantwortung **immer** in den Händen des Beraters. Ich möchte Dir einige Tipps geben, die helfen können, sich vorsichtig auf eine Therapie einzulassen.[9]

- Nutze bei einem niedergelassenen Therapeuten unbedingt die Möglichkeit der 5 probatorischen Sitzungen. Hier kannst Du bereits im Vorfeld prüfen, ob zwischen Dir und der Therapeutin „die Chemie stimmt". Prüfe bitte Deine Wahrnehmungen und Gefühle, denn allein Dein Wohl steht im Fokus einer Therapie und Beratung.
- Du wirst bemerken, dass es in der Therapie Phasen gibt, wo Du unsicher bist, ob Dein Therapeut „der richtige ist". Besonders dann, wenn Du der Meinung bist, dass Du Dich in der Therapie nicht weiterentwickelst, die Therapie scheinbar auf der Stelle tritt. Ein guter Coach lässt Fragen und Zweifeln Raum und geht konstruktiv damit um.
- Ich sage zu meinen Klientinnen, dass sie quasi am Steuer des Wagens sitzen und ich der Beifahrer bin. Dies bedeutet, dass Du die Themen setzest und jedes Mal neu entscheidest inwieweit Du Dich auf dieses Thema einlassen kannst.
- Sexuelle Handlungen im Kontext von Beratung und Therapie sind **immer** grenzverletzend. Hier gibt es keine Ausnahme! Im Gegenteil: diese Übergriffe haben eine strafrechtliche Relevanz. Durch das therapeutische Machtgefälle sollten solche Beziehungen auch nach Beendigung der Therapie tabu sein.
- Allein Du entscheidest, was Du als Grenzverletzung empfindest. Vertraue Deiner Wahrnehmung und thematisiere Deine Gefühle.

---

[9] www.ptb.uni-hannover.de/297.html Stand 21.02.2019

Inzwischen hat sich ein Ethikverein etabliert, der ehrenamtlich die Einhaltung ethischer Grundlagen in Therapie und Beratung überwachen.[10] Jeder Ratsuchende kann sich in Verdachtsfällen von Machtmissbrauch im therapeutischen Kontext an diese Beratungsstelle wenden. Die ehrenamtliche Tätigkeit der Beratungsstelle ist Grundlage für eine unabhängige Bewertung der einzelnen Fälle. Über das Beratungsangebot hinaus sollen einheitliche Standards in der Psychotherapie etabliert werden. Die Dunkelziffer von sexuellen Übergriffen in Psychotherapie und Beratung ist exorbitant hoch. Der Verein geht in einer Hochrechnung von 1400 Fällen sexuellen Missbrauchs aus. Psychisch erkrankte Personen haben demnach ein 16-faches Risiko, Opfer eines Missbrauchs zu werden. Es bleibt die Hoffnung, dass Therapeuten regelmäßig Fortbildungen, externer und über Peer-Gruppenorganisierter Supervision und Intervision teilnehmen.

---

[10] www.ethikverein.de Zuletzt besucht am 21.02.2019

Kapitel 12: Lothar Franz - Machtmissbrauch in der Pflege

Die Beziehung zwischen Kranken/Pflegebedürftigen ist wohl eine der fragilsten überhaupt. Die „Götter in Weiß" und die pflegenden Personen verfügen über eine große Machtfülle. Besonders alte Menschen, die keine Angehörigen mehr haben, sind ihnen oft hilflos ausgeliefert. Fehlende Zeit, ein bürokratischer Moloch und fehlende Mitarbeiter kennzeichnen den Weg hin zu einem Burn-out. Für pflegende Angehörige gibt es auch langfristig keine Erholungsmöglichkeit, teilweise haben sie über Jahre keinen Urlaub. Dann spielt auch ein „schlechtes Gewissen" den Angehörigen gegenüber eine Rolle, wenn die Gesellschaft pflegenden Angehörigen vermittelt, dass man Pflegebedürftige ja wohl nicht „abschieben" dürfe. Auf jeden Fall stehen alle Beteiligte unter einem hohen Druck. Doch was versteht man eigentlich unter „Gewalt in der Pflege"? Nun, da ist zunächst die Gewalt gegen Pflegebedürftige:[11]

Besonders tragisch ist wohl ein Eingriff in die Selbstbestimmung des Pflegebedürftigen. Die Weltgesundheitsorganisation WHO definiert Gewalt gegenüber älteren Menschen so: *„Unter Gewalt gegen ältere Menschen versteht man eine einmalige oder wiederholte Handlung oder das Unterlassen einer angemessenen Reaktion im Rahmen einer Vertrauensbeziehung, wodurch einer älteren Person Schaden oder Leid zugefügt wird."*

Gewalt zwischen Pflegebedürftigen
Gerade bei an Demenz erkrankten Personen verstärken sich im Vorfeld vorhandene Aggressionen. Die Patienten leiden unter fehlenden sozialen Kontakten und damit einhergehender Einsamkeit. Dies schlägt sich auch auf die Beziehungen zwischen den Pflegebedürftigen aus.

Gewalt gegen Pflegende
Doch auch Pflegende können Zielscheibe von körperlichen Übergriffen und Beleidigungen seitens der Patienten sein.
Im Einzelnen sind folgende Formen von Gewalt in der Pflege möglich:

Körperliche Gewalt:
*   Schlagen, kratzen oder schütteln.
*   Bewusst unbequem hinsetzen oder hinlegen.
*   Unerlaubte freiheitsentziehende Maßnahmen wie dauerhaft fixieren.

Psychische Gewalt:
*   Die Patienten anschreien oder beschimpfen.
*   Die Pflegebedürftigen nicht beachten, der Klient wird einfach ignoriert.

---

[11] www.pflege-gewalt.de/wissen/definition/ Stand 25.02.2019

- Die Würde des Menschen wird in den Dreck gezogen, die Klienten werden gedemütigt und beleidigt.

Vernachlässigung:
- Jeder Mensch hat Bedürfnisse, auch wenn er sie manchmal nicht oder zu spät bemerkt. Der Wunsch nach Liebe, Anerkennung, Schutz und Geborgenheit sind solche grundlegenden Bedürfnisse. Ich erinnere mich, dass eine Klientin auf meine Frage nach ihren Bedürfnissen nicht antworten konnte. Ihre Bedürfnisse hatte sie eingeschlossen und tief vergraben. Dann geht es erstmal darum, diese wieder wahrzunehmen und zu verbalisieren.
- Die Patienten erfahren eine unzulängliche medizinische Versorgung.

Finanzielle Schäden:
- Geld oder andere Wertgegenstände werden entwendet.
- Geldgeschenke erpressen.
- Die Macht über das persönliche Vermögen der Klientin erlangen.

Intime Übergriffe:
- Die Schamgefühle, bzw. Intimsphäre der Patienten werden verletzt.
- Sexuelle Andeutungen stellen die Patienten bloß.
- Intime Kontakte werden verlangt, oder erzwungen.

Was kannst Du als Pflegebedürftige tun, um Dich vor Gewalt zu schützen?
Wenn Du das Gefühl hast, unangemessen behandelt zu werden, reagiere bitte sofort und sprich die Pflegeperson auf Dein Gefühl an. Sollte dies nicht möglich sein, suche Dir eine andere Person Deines Vertrauens, mit der Du gemeinsam überlegst, wie Du vorgehen kannst. Eine Möglichkeit besteht darin, dass Du die Team- oder Einrichtungsleitung des Pflegedienstes informierst. Außerdem kannst Du auch den Medizinischen Dienst der Krankenversicherung informieren, der bei akuter Gefahr sofort auf Deine Meldung reagieren muss. Wenn Du jedoch bereits erpresst, körperlich verletzt oder massiv vernachlässigt wirst solltest Du unverzüglich die Polizei informieren.

Tipps für Pflegende:
Wenn sich die Pflegebedürftigen aggressiv verhalten, stellt sich die Frage nach den Ursachen. Demenzkranke Menschen können sich nur noch unzureichend oder überhaupt nicht mehr verbal äußern. Langeweile, Schmerzen oder Angst, können weitere Ursachen für ein aggressives Verhalten sein. Die Kommunikation zwischen den Klienten, ihren Angehörigen und den Pflegenden muss regelmäßig gepflegt werden. Dadurch können Missverständnisse und Bedürfnisse der beteiligten geklärt werden. Diverse Weiterbildungen schulen pflegende Angehörige und Fachleute und vermitteln ihnen Werkzeuge im Umgang mit ihren Patienten. Wenn die Pflegebedürftigen dies verstehen, sprich Du Situationen an, in denen Du Dich unangemessen behandelt fühlst. Wenn Du das Gefühl hast, dass sich ein verbaler oder körperlicher Angriff andeutet,

versuche die Klientin abzulenken, zum Beispiel mit Musik oder durch gelenkte Beobachtung im Raum und außerhalb. Sollten sich Gegenstände, die für Schläge oder Werfen geeignet sind, im Einzugsbereich des Patienten befinden, solltest Du diese mit ruhigen Bewegungen entfernen. Meine bitte nicht, Du müsstest die Situation allein bewältigen, sondern hole Dir so schnell wie möglich Hilfe. Wenn Du jedoch bereits verletzt wurdest, suche einen Arzt Deines Vertrauens auf und dokumentiere die Situation möglichst genau.

Fazit:
Unterbezahlung und fehlende Fachkräfte können zu einer Überforderung der pflegenden Personen führen. Immer kürzere Zeiten „am Patienten", dafür bürokratische Hürden belasten den Arbeitsalltag zusätzlich. Hier muss dringend ein Umdenken erfolgen. Dies scheint sogar die Politik kapiert zu haben. So sollen unter anderem 13.000 Stellen in der stationären Altenpflege neu geschaffen werden. Sicher ein Anfang, doch weitere Maßnahmen müssen folgen: Gerechter Lohn für die körperlich und psychisch belastenden Arbeiten, Anreize für künftige Pflegekräfte und eine konsequente Entbürokratisierung. Nur dann wird sich die Lage entspannen.

Kapitel 13: Lothar Franz - Machtmissbrauch in Kliniken und durch niedergelassene Ärzte

Es war im September 2012: Ich war mal wieder wegen einer chronischen Entzündung des rechten Ellenbogens in einer Orthopädischen Klinik. Nun war das Gelenk wieder rot, brannte und ich konnte den Arm nicht mehr krümmen. Bei der Aufnahme hatte ich die Ärzte und Pflegekräfte darüber informiert, dass es sich bei dem Keim nicht um einen „Multi-resistenten Krankenhauskeim" handelte. Dies wurde bei allen Labor-Untersuchungen der Vergangenheit festgestellt. Trotzdem wurde ich für zwei Wochen in meinem Zimmer isoliert, es war mir verboten, das Zimmer zu verlassen. Zwei Tage vor der OP teilten mir die Ärzte mit, dass sie aus meinem Arm Flüssigkeit entnehmen wollten, um in einem Labor zu prüfen, welcher Keim in meinem Ellenbogen sitzt. Die Ärztin nahm die Punktion mit einer riesigen Nadel vor. Ohne jegliche Narkose stach sie mir in den Ellenbogen und suchte verzweifelt nach der Flüssigkeit. Ich hatte höllische Schmerzen, mir liefen die Tränen über die Wangen, aber sie war unerbittlich. Ein Arzt saß dabei und die beiden unterhielten sich fröhlich und gut gelaunt, während ich Höllenqualen litt. Irgendwann fand sie dann tatsächlich noch etwas Flüssigkeit. Die Probe ergab natürlich das alt bekannte Ergebnis, dass es sich eben um einen Keim handelt, der bei jedem Menschen auf der Haut vorkommt. Als ich nach der OP aus der Narkose erwachte, bemerkte ich nach einiger Zeit, dass ein großes Pflaster meinen rechten Arm zierte. Eine Erklärung dafür erhielt ich jedoch nicht. Erst Tage später, nachdem ich immer wieder nachgefragt hatte, erfuhr ich, dass man bei der OP bei der Auslagerung meines Armes meine Haut verletzt hatte. Ich habe eine sehr dünne Haut und die Wunde musste wochenlang durch eine speziell geschulte Wund-Expertin versorgt werden. Entschuldigung – Fehlanzeige. Noch heute zeugt eine Narbe von dieser falschen Behandlung. Nun wurde mir über eine Infusion Antibiotika verabreicht. Mit der Zeit schmerzten meine Venen und die „Suppe" lief über meinen Arm. Doch auch hier zeigten die Ärzte keinerlei Empathie. Immer wieder wurde neu gestochen, obwohl auch eine Medikation mit Tabletten möglich gewesen wäre. Mehrmals sprach ich den Stationsarzt an, ob doch ein Wechsel möglich wäre. Eines Tages erschien er mit der Oberärztin und ich fragte erneut. In den ganzen Tagen erhielt ich keine Information, ob der Entzündungswert zurückgegangen war. Plötzlich sagte Dr. D., dass dies der Fall sei. Daraufhin fragte mich die Oberärztin, warum ich die Änderung wolle. Ich verstand die Welt nicht mehr und konnte nur noch sagen: „Weil es eben weh tut." Und tatsächlich, endlich bewegten sich Ärzte und Pflegepersonal. Später las ich im Entlassungsbericht, dass der entsprechende Wert längst nach unten gegangen war...

Das Bundesgesundheitsministerium schätzt, dass jährlich bis zu 170.000 Behandlungsfehler passieren.[12] Die Dunkelziffer liegt wohl weit darüber. Viele Patienten wissen nicht, an wen sie sich wenden können und haben auch nicht den langen Atem, oder die finanziellen Mittel einen Prozess über einen längeren Zeitraum hinweg

---

[12] www.mdr.de/umschau/aerztliche-behandlungsfehler.de Stand 02.03.2019

durchzustehen. Dazu kommt noch, dass die Betroffenen objektiv nachweisen müssen, dass die gesundheitlichen Probleme durch einen ärztlichen Kunstfehler entstanden sind. In meinem Fall habe ich die Klinik veranlasst, die mangelnde Behandlung meines rechten Armes im Abschlussbericht zu vermerken. Was also sind Behandlungsfehler? Das kann eine falsche Diagnose sein und genauso eine mangelhafte Dosierung von Medikamenten. Auch ein unzureichend geschultes Personal im Krankenhaus, Hygienemängel oder ein fehlerhaftes Behandlungskonzept können als Behandlungsfehler gewertet werden. Deshalb muss nicht unbedingt nur der Arzt der Urheber sein, sondern auch Schwestern, Hebammen, Pfleger und neuerdings auch Heilpraktiker und Psychotherapeuten können betroffen sein. Kennst Du den Satz: „Eine Krähe hackt der anderen kein Auge aus?" Gemeint ist, dass wir der Meinung sind, ärztliche Gutachter würden einen anderen Arzt einfach nicht „in die Pfanne hauen." In den letzten Jahren wurden die Rechte von Patienten nachhaltig gestärkt, auch durch unabhängige Gutachter. Wenn Du einen Verdacht auf Behandlungsfehler hegst, solltest Du sobald wie möglich Deine Krankenkasse informieren. Diese kann veranlassen, dass Du Dich beim Medizinischen Dienst der Krankenversicherung (MDK) vorstellst. Wenn der MDK Dir recht gibt, hast Du eine gute Chance vom Mediziner oder Krankenhaus Schadenersatz, Behandlungskosten und Schmerzensgeld zu verlangen.

Ansprechpartner Nummer 1 ist die unabhängige Patientenberatung in Deutschland UPD. Hier hast Du unterschiedliche Möglichkeiten der Kontaktaufnahme, zum Beispiel über das Internet, an der Hotline oder in Beratungsstellen vor Ort.

Ansprechpartner Nummer 2: Die Landesärztekammer
Wenn Du den Verdacht hast, dass ein Behandlungsfehler vorliegt, kannst Du auch die Landesärztekammern und Landeszahnärztekammern einschalten. Dann darf der Fall jedoch noch nicht vor Gericht sein. Außerdem ist darauf zu achten, dass der Fall noch nicht länger als fünf Jahre zurückliegt. Allerdings muss ernsthaft bezweifelt werden, ob dieser Weg ideal ist. Das hängt mit der Beurteilung der Gutachter zusammen, die eben eventuell nicht unabhängig agieren. Selbst dann, wenn der Schlichter Dir recht gibt, kann die Haftpflichtversicherung des Arztes oder der Klinik die Zahlung an Dich verweigern.

Möglichkeit: Du erstattest Strafanzeige
Wenn Du bei der Staatsanwaltschaft Strafanzeige stellst, muss der Staatsanwalt ermitteln. Er prüft, ob eine Körperverletzung vorliegt und sammelt Beweise, die Deine Anzeige bekräftigt oder widerlegt. Dies ist sogar gratis, Du musst Dich aber auf zusätzliche Untersuchungen einstellen. Du wirst vor Gericht auch als Zeuge geladen und es ist unklar, ob Du Erfolg hast. Geschulte Mediatoren können unter Umständen eine außergerichtliche Einigung vorantreiben. Ist dies jedoch nicht möglich, landet die Angelegenheit vor Gericht. Hier ist Durchhalten angesagt und Du solltest prüfen, ob Deine Rechtsschutzversicherung (falls Du eine abgeschlossen hast), die Kosten

übernimmt. Da die Gegenseite meistens auch einmal ein eigenes Gutachten in Auftrag gibt, kann sich – auch bei der Überlastung der Gerichte – der Fall über Monate, ja sogar Jahre hinziehen. Dies solltest Du bei Deinem Vorgehen berücksichtigen. Alle Kosten, die Dir durch den Behandlungsfehler entstanden sind, müssen vom Verursacher ersetzt werden. Außerdem kannst Du Schmerzensgeld verlangen, das sich nach der Höhe des angerichteten Schadens berechnet.

Die Verjährungsfrist

Nehmen wir einmal an, Du hast im Jahre 2006 ein neues Hüftgelenk erhalten. Ende des Jahres 2010 stellen sich unerklärliche Schmerzen ein und in einer Nachuntersuchung wird festgestellt, dass das Gelenk fehlerhaft eingesetzt wurde. Dann beginnt die dreijährige Verjährungsfrist eben erst an dem Zeitpunkt, als Du die Unregelmäßigkeit bemerkt hast. Spätestens 30 Jahre nach einer Behandlung verjähren aber alle Ansprüche.

Kommentar Lothar Franz:

Du siehst, es ist leider nicht einfach, Behandlungsfehler zu beweisen und dann auch noch eine entsprechende Entschädigung zu bekommen. Wenn Du betroffen bist, wünsche ich Dir viel Kraft und Durchhaltevermögen. Ich freue mich sehr, wenn Du mir von Deinen Erfahrungen berichtest.

Möge die Gerechtigkeit siegen!

Kapitel 14: Lothar Franz - Mobbing in der Schule

Es war wohl irgendwann in den 70-er Jahren. Ich besuchte die Realschule in F. und wir hatten Mathematik-Unterricht. Zugegeben: Ich war zu der Zeit keine große Leuchte in diesem Fach. Lehrer B. versuchte vergeblich, mir die Formeln zu erklären. Erst einige Jahre später, als ich schon die Berufsschule besuchte, wurde das Kaufmännische Rechnen mein Lieblingsfach. Lehrer B. hatte die Angewohnheit, mit seinem Schlüsselbund nach uns zu werfen. Oder er machte den Schwamm, mit dem die Tafel gewischt wurde, voll mit Wasser, kam zu irgendeinem Schüler, der ihm gerade quer lag und drückte den Schwamm in dessen Mäppchen aus. Doch damit nicht genug: Immer wieder beleidigte er uns verbal, indem er sagte: „Lothar, selig sind die geistig Armen." Da ich wusste, dass meine Eltern grundsätzlich zu den Lehrern hielten und nicht wie es eigentlich richtig gewesen wäre zu ihren Kindern, behielt ich diese Vorkommnisse lieber für mich. Der Philosoph Victor Klemperer schreibt: *„Sprache kann aus giftigen Elementen gebildet oder zu Trägern von Giftsoffen gemacht werden. Worte können sein wie winzige Arsendosen. Sie werden unbemerkt verschluckt, und nach einiger Zeit ist die Giftwirkung noch da."*[13] Sicherlich: Macht an sich ist zunächst keine Eigenschaft. Aber sie ergibt sich aus den Strukturen, der Kommunikation und Symbolen. Und da ist es einfach so, dass die Position der Lehrer ihnen Macht verleiht. Sie wirken in einem geschlossenen System und die Schülerinnen und Schüler sind ihrem Wohl und Wehe weitgehend hilflos ausgeliefert. Die Zensuren, zumindest die mündlichen Noten bewegen sich in einem weitestgehend rechtsfreien Raum. Wenn der Lehrer Dich nicht leiden kann, drückt er dies im Arbeits- und Sozialverhalten aus. Wer will dagegen schon aufbegehren? Auch hier gilt wie im medizinischen Bereich, dass Lehrer nichts gegen einen Kollegen unternehmen. Die Schulbehörde ist oft weit entfernt und sogenannte „Vertrauenslehrer" sind auch Teil des Systems. Vor längerer Zeit habe ich verschiedenen Schulen ein Seminar zum Thema „Burn-out Prophylaxe" angeboten. Keine der von mir kontaktierten Schulen hat diese Dienstleistung in Anspruch genommen. Auf der anderen Seite stöhnen Lehrer unter der nervlichen Belastung und jammern, dass die Schüler „immer schlimmer" würden. So besteht ein diffuses Gefühl der Angst – manchmal auf beiden Seiten. Monatliche Supervision – Fehlanzeige! Die Lehrkraft hat die Macht des Wissens in der Hand und die Schüler sind für ihre berufliche Karriere auf praktikable Lösungen angewiesen.

Das Kriminologische Forschungsinstitut Hannover führte eine Schülerbefragung zur Befindlichkeit von Lehrern und Schülern durch. Diese Befragung ergab, dass von über 700.000 Lehrkräften in Deutschland 5 Prozent ihren Schülern wiederholt psychische Verletzungen zufügten.[14] Dies geschieht zum Beispiel durch Bloßstellungen und Gemeinheiten, wie ich sie selbst erlebt habe. Weniger als 1 Prozent der Befragten gaben an, dass sie wiederholt von Lehrern geschlagen wurden. Ich bin davon überzeugt, dass

---

[13] www.erziehungskunst.de/fileadmin/archiv.../p003ez1002-1057-1064-Singer.pdf Stand 08.03.2019
[14] www.taz.de/!5144924/ Stand 07.03.2019

die Mehrzahl der Lehrer eine Gewaltfreie Erziehung befürwortet. „Schwarze Schafe" gibt es überall. Die Gewerkschaft GEW vertritt ethische Grundsätze und formuliert:

„Im Bildungswesen Beschäftigte (...) setzen sich für die Interessen und das Wohlergehen ihrer Schülerinnen/Studentinnen ein und bemühen sich nach Kräften, sie vor Drangsalierungen und physischem oder psychischem Missbrauch zu schützen, unternehmen alles, um ihre Schülerinnen/Studentinnen vor sexuellem Missbrauch zu schützen."[15]

In diesem Sinne Gewalttätiges Verhalten von Lehrern ist und bleibt ein Tabu. Elternbeiräte von einzelnen Klassen, Jahrgangsstufen und der gesamten Schulgemeinschaft bleiben eine stumpfe Waffe. Vor einigen Jahren war ein sowohl Menschlich als auch Fachlich ungeeigneter Klassenlehrer bei einem unserer Kinder tätig. Die Klasse stand vor dem wichtigen Realschulabschluss, der auch zum Besuch einer weiterführenden Schule berechtigt. Morgens erschien der Lehrer weit verspätet zum Unterricht, die Parallelklasse war im Stoff schon wesentlich weiter und ging gut vorbereitet in die Prüfung. Erst nachdem ich massiv interveniert hatte, bequemte sich die Elternvertreterin und sprach mit der Schulleitung. Daraufhin verschwand der Lehrer, ich habe ihn nie mehr gesehen. Berthold Brecht hat es in einem seiner Gedichte einmal so formuliert:

„Wenn die Untat kommt, wie der Regen fällt, dann ruft niemand mehr: halt! Wenn die Verbrechen sich häufen, werden sie unsichtbar. Wenn die Leiden unerträglich werden, hört man die Schreie nicht mehr. Auch die Schreie fallen wie der Sommerregen. Wir bitten euch ausdrücklich, findet das immerfort Vorkommende nicht natürlich."[16]

Was ich bisher noch nicht auf dem Schirm hatte sind Übergriffe in der Grundschule. Die jüngeren Kinder können sich noch nicht selbst helfen und wenn sie von ihrem Leid erzählen, werden sie vielleicht nicht ernst genommen. Es gibt den Fall einer Grundschulpädagogin, die in dritter Instanz zu einer Geldstrafe von 4.000€ verurteilt wurde, weil sie Erstklässler mit der flachen Hand auf den Kopf geschlagen hatte, weil sie zu spät zum Unterricht kamen, trödelten oder einfach nur unruhig waren. Mehrere Kinder zeigten danach psychosomatische Störungen. Sie erbrachen sich morgens vor Angst und litten unter massiven Bauchschmerzen.[17] Als einige Eltern den Klageweg beschritten, zogen sich die unterschiedlichen Instanzen vor Gericht über 3 Jahre hin. Die Erstklässler wurden tatsächlich 3 Mal vernommen, einmal durch die Polizei und 2 Mal durch das zuständige Gericht. Die Lehrerin wurde zwar mehrfach verurteilt, legte aber immer wieder Berufung ein. Sie wurde dann an eine Nachbarschule versetzt und ganz am Schluss gekündigt. Du kennst das bestimmt auch: Wenn unsere Kinder aus der

---

[15] ebd.

[16] Siehe Fußnote „13"

[17] www.focus.de/familie/psychologie/psychoterror/vertuscchen-und-ignorieren-lehrergewalt_id_1768281.html Stand 11.03.2019

Schule kommen, berichten sie des Öfteren, dass der Klassenlehrer krank war. Entweder kommt dann ein „Fachfremder" Lehrer, oder die Schüler bleiben sich selbst überlassen.

Der Salzburger Erziehungswissenschaftler Volker Krumm konnte beweisen, dass Gewalt von Lehrern gegen Schüler ebenso häufig stattfindet, wie Gewalt unter Schülern. Er befragte 3000 Studenten, von denen 78 Prozent angaben, dass sie mindestens einmal in ihrer Schulzeit von Lehrern gekränkt wurden. Besorgniserregend ist, dass 59 Prozent der Befragten die Grenzverletzung der Lehrer in der Rückschau als „schwer bis sehr schwer" bezeichneten.[18] Sicherlich haben sich die Aufgaben für Lehrerinnen gerade im letzten Jahrzehnt verändert. Die reine Wissensvermittlung ist Erziehungsaufgaben gewichen, die von Familien aus den unterschiedlichsten Gründen nicht mehr geleistet werden können. Große Klassen mit bis zu 30 Kindern sind sehr problematisch. Deswegen halte ich eine Änderung in der Ausbildung von Lehrern für unabdingbar. Ich fordere für **jede** Schule und **alle** Lehrer eine monatlich durchgeführte Supervision. Nur dann sind Lehrer gewappnet für ihren wichtigen Erziehungsauftrag.

Gewalt unter Schülern

Der Fall beherrschte die Schlagzeilen der Medien: Im Januar 2018 sticht ein 15-jähriger Junge an der Gesamtschule in Lünen einem 14-jährigen ein Messer in den Hals. Das Opfer stirbt und in einer Befragung gibt der Täter als Grund an, der 14-jährige habe seine Mutter „provozierend" angeschaut. Ein Einzelfall? In dieser Zuspitzung sicherlich. Trotzdem: Gewalt, ob verbal oder physisch hält Einzug in unsere Schulen. Einzelne Schüler die „durch das Raster fallen", werden abgelehnt und erfahren täglich Ablehnung der Klassenkameraden. Mehrere Schüler bilden Gruppen, um bestimmte Schüler zu mobben. Falsche Beschuldigungen machen die Runde und Schülerinnen werden an den Pranger gestellt. Erpressungen mit Geld-Forderungen („Wege-zoll") traktieren einzelne Mitschüler und bewirken somatische Beschwerden wie Schlaflosigkeit und Bauchschmerzen.

Gewalt von Schülern gegen Lehrer

Im Dezember 2017 geht ein dramatischer Hilferuf der „Gemeinschaftsschule Bruchwiese" in Saarbrücken an die Schwarz-Rote Landesregierung. Die Lehrer berichten von schwersten Beleidigungen, Gewalt, Drogen- und Alkoholmissbrauch im Schulalltag.[19] Die Lehrer berichten von mehreren Übergriffen mit einem Messer, einmal wurde Pfefferspray benutzt. Die Schulleitung forderte mehrfach die Polizei an. Auch Eltern wurden gewalttätig, so habe eine Mutter Kollegen bedroht und eine Scheibe eingeschlagen, weil sie mit einem Konferenzbeschluss nicht einverstanden war. Inklusion ist sicher ein richtiger Weg. Allerdings müssen auch die Bedingungen in der Schule bestimmen, dazu gehört eine spezielle Schulung für Lehrkräfte, um die Probleme

---

[18] ebd.

[19] www.saarbruecker-zeitung.de/politik/themen/dramatischer-hilferuf-von-saarbruecker-lehrern_aid-693844 Stand 11.03.2019

meistern zu können. Die Lehrkräfte berichten von großer Respektlosigkeit mit einer extra Portion Sexismus und Frauenverachtung. Sie werden als „Cracknutte" oder „Hurensohn" bezeichnet, solche verbalen Entwürdigungen sind an der Tagesordnung.[20] Ich halte Gemeinschaftsschulen mit Inklusion für ein erstrebenswertes Ziel. Dann muss die Schule aber sowohl mit qualifiziertem Personal als auch mit den nötigen finanziellen Mitteln ausgestattet werden. Das Saarland mit seinen knapp 1 Millionen Einwohnern hat Schulden von 14,3 Milliarden Euro und damit sind weitere Investitionen nur schwer zu stemmen.[21] Trotzdem: gerade Investitionen in Bildung sind Investitionen in die Zukunft unserer Kinder.

Situation an Grundschulen:

Liebe Leser, vielleicht denkt Ihr jetzt: „Na, an den Grundschulen wird die Situation doch sicherlich besser sein" Doch weit gefehlt. Selbst die Kleinsten treten auf andere Kinder ein, die schon am Boden liegen. Sie reißen Eisenstangen aus dem Schulhofboden und verpassen einander Platzwunden. Sie werfen Gegenstände auf ihre Lehrer und beschimpfen sie. Es ist existentiell wichtig, dass die Politiker, Lehrer und Elternvertreter genauer hinschauen als es bisher der Fall war. Wie entsteht Gewalt und welche Maßnahmen können ergriffen werden, um gegen diese Exzesse vorzugehen? Dabei ist die Suche nach den „Schuldigen" kontraproduktiv. Die allgemeine Verrohung der Sitten ist da nur eine Möglichkeit, „Lernen am Modell" eine andere. Die kleinste Zelle unserer Gesellschaft, die Familie kann als Nährboden für Gewalt durch Überforderung dienen. Prävention kann nur dann gelingen, wenn Lehrerinnen, Sozialarbeiter, Psychologinnen und Erzieher eng mit den Elternhäusern verzahnt sind. Diese Fachkräfte werden händeringend gesucht und deshalb sollte deren Aus- und Weiterbildung konsequent gefördert werden.

Bedenklich ist es auch, dass bestimmte Politiker und Parteien Übergriffe von Schülern mit Migrationshintergrund für ihre Stimmungsmache benutzen. Die Klassenfahrt einer vierten Klasse führt zum malerischen Schloss Kröchlendorff in Brandenburg. Da geschieht das Unfassbare: Zwei Elfjährige halten ihren zehn Jahre alten Mitschüler fest, während ein anderer Zehnjähriger ihn vergewaltigt.[22] Die Lehrkräfte bekommen von dem Geschehen nichts mit und erst anderthalb Wochen später kommt die Tat ans Licht, weil ein Freund des Opfers einem Sozialarbeiter davon berichtet. Dass es sich bei den Tätern wohl um einen Afghanen und zwei Syrer handelt, ist Wasser auf die Mühlen von Politikern, die einfache Antworten parat haben. Der Schulpsychologe Klaus Seifried sagt: *„Ein derart brutaler Übergriff mit Festhalten, Demütigungen und sexuellem Missbrauch ist ganz ungewöhnlich."* Fast scheint es so, dass es sich auch um ein strukturelles Problem

---

[20] www.waz.de/politik/llehrer-beklagen-in-brandbrief-gewalt-und-respektlosigkeit-id212851693.html Stand 11.03.2019

[21] ebd.

[22] www.stuttgarter-nachrichten.de/inhalt.gewalt-unter-schuelern-kind-vergewaltigt-mitschueler-auf-klassenfahrt.02c5b182-b915-4626-b281-9658998fe3ff.html Stand 14.03.2019

handelt. Die angewendeten Strafen werden von den Schülern „auf die leichte Schulter genommen". Strafarbeiten und Nachsitzen gelten immer noch als probates Mittel, zeugen aber von fehlenden Ideen der Lehrer.

Folgende Erzieherische Maßnahmen sind möglich:[23]

- Die Schulleitung kann zum Beispiel bei Störungen des Unterrichts, Schüler nach vorheriger Anhörung von einem Tag bis zu zwei Wochen vom Unterricht ausschließen.

- Bei besonders schwerwiegendem Fehlverhalten der Schülerinnen kann die Schulleitung Schüler der Schule verweisen. Dies muss jedoch vorher angekündigt werden und die zuständige Schulaufsichtsbehörde muss dieser Maßnahme zustimmen.

- Es ist gestattet die Schüler zu verpflichten, den Schulhof zu reinigen.

- Die Lehrerinnen können den Schülern das Handy wegnehmen, wenn dieses dazu geeignet ist, den Schulbetrieb nachhaltig zu stören.

- Lehrer können verlangen, dass versäumter Unterrichtsstoff zu Hause nachgearbeitet wird.

- Wenn die Schülerin durch eigenes Verschulden Unterricht versäumt hat, kann sie nach Ende der Schule unter Aufsicht zum sogenannten „Nachsitzen" verpflichtet werden. Die Erziehungsberechtigten sind entsprechend zu informieren.

- Körperliche Züchtigung von Schülern ist unzulässig, das war früher noch anders. Sicher haben viele noch das Foto eines Lehrers, der mit einem Rohrstock bewaffnet ist im Kopf. Ausnahmen sind Notwehrsituationen, die allerdings näher beschrieben sind.

- Jede Schülerin hat das Recht, sich bei der Schulleitung zu beschweren, wenn sie das Gefühl hat, dass sie ungerecht behandelt wurde. Sowohl die Erziehungsberechtigten als auch die volljährigen Schüler können bei der Schulaufsichtsbehörde Einspruch einlegen. Allerdings haben diese Einsprüche keine aufschiebende Wirkung.

---

[23] www.schulministerium.nrw.de/docs/bp/Eltern/Rechtliches/Fragen-und-Antworten-zum-Unterricht/Ordnungs-Erziehungsmassnahmen/index.html Stand 14.03.2019

Fazit Lothar Franz:

Was wir brauchen sind gemeinsame Anstrengungen, beginnend mit den Untersuchungen bei den Kinderärzten. Die Förderung der Kinder und hier Insbesondere von Kindern mit Migrationshintergrund in den KITAS muss verstärkt werden. Die Handlungsmöglichkeiten von mehrfach gestressten Eltern sind zu erweitern, zum Beispiel durch Kurse zur Burn-out Prophylaxe. Jede Schule sollte sich einen ethischen Grundlagenkatalog erstellen. Deshalb ist die Schulordnung entsprechend zu erweitern. In Streitfällen ist eine paritätisch zusammengestellte Kommission von Schulleitung und Elternvertretung zu informieren, die dann Lösungen sucht. Es ist denkbar, dass dazu auch ältere Schüler hinzugezogen werden. (Zum Beispiel ab 14 Jahren)

Kapitel 15: Anja Mack - Weitere Entscheidungen – Ego oder Liebe?

Welchen Weg willst Du gehen?

Sicher fragst Du Dich nun, warum ich diese Frage stelle und wieso sie aufkam.

Im Laufe des Stalking-Verlaufs war ich so davon besessen, dass mein Stalker dafür bestraft werden muss. Getrieben von Rachsucht, Hass und Wut habe ich einen Anwalt nach dem anderen konsultiert und mir überlegt, wie kann man das Ganze unterbinden.

Ich war getrieben von Wut, ich war wütend auf mich selbst, wütend dass mir das passiert ist, wütend weil ich es soweit habe kommen lassen. Wütend auf meine Familie, denn als ich sie am meisten gebraucht hätte, waren sie nicht im Stande mir zu helfen. Doch am allermeisten trafen mich die Erkenntnis und der Schmerz, nicht offen darüber geredet zu haben, weil ich mich so geschämt habe, wieder so naiv gewesen zu sein und es nicht erkannt zu haben.

Ich begriff, dass aus mir nur mein Ego gesprochen hat.
Es wurde zu tiefst verletzt. Mein Vertrauen wurde missbraucht und man hat mir emotional sehr wehgetan.
Ich war drauf und dran, dass ich mich erneut vor der Welt verschließe. Dann wurde mir klar wie oft ich das schon getan habe in meinem Leben und ich beschloss, nein, egal was passiert ist:
Fakt ist, mein Stalker hat einen Fehler gemacht und dafür will ich eine Grenze ziehen. Dafür soll er bestraft werden. Er hat gegen mehrere Gesetze verstoßen.

Glaube mir, das war ein langer und schmerzhafter Prozess durch diese Angst zu gehen. Daran zu arbeiten, herauszufinden, warum mir das passiert ist und am meisten die Vergebungsarbeit.

Mit der Zeit fand ich mehr und mehr Frieden in mir. Sicher hat mich diese Erfahrung sehr geprägt und auch verändert. Ich werde nie mehr die Gleiche sein wie davor.
Eines habe ich gelernt, ich will anderen Frauen Mut machen, denn eins weiß ich, es wird tausende Frauen geben da draußen, die auch aufgrund von Naivität auf einen Mann reingefallen sind und plötzlich Opfer einer Gewalttat wurden.

Davor ist keiner gefeit. Selbst mir haben Alle gesagt: „Anja du bist so eine starke Frau, ich kann garnicht verstehen, dass dir das passiert ist."

Es ist so und heute weiß ich anders damit umzugehen.

Ein Jahr ist vergangen. Jetzt ist es an der Zeit, noch einmal durch meine größte Angst zu gehen.
Die Geschichte von Anfang an zu erzählen:. Ungeschönt, einfach so wie es war.
Am liebsten hätte ich meinen Stalker noch angefangen zu stalken.

Auf die Idee hatte mich eine Freundin gebracht. Es wurde mir schnell klar, über die Justiz wird es ewig dauern. Man sagte mir, es können bis zu zwei Jahre vergehen.

Ich habe jetzt die Möglichkeit im Elend zu versinken oder alles daran zu setzten, alle Emotionen und Gefühle noch einmal richtig zu durchleben und zu vergeben.

Glaube mir, dass ist ein Weg, der ist verdammt schwer!

Mit Menschen an meiner Seite, die das mit mir zusammen durchstehen ist es leichter.

Danke nochmal an alle Coaches, Freunde, Familie und jeden der mir in dieser Zeit geholfen hat, mich selbst dabei nicht aufzugeben.

Sonst würde ich wohl heute nicht dastehen wo ich bin.

Ich habe oft gedacht, jetzt will ich nicht mehr. Am Anfang war es sogar so schlimm, dass ich darüber nachgedacht habe, einfach mit allem Frieden zu machen und diese Welt zu verlassen. So verzweifelt war ich.

Nach der Verzweiflung kamen die ganze Wut, Traurigkeit und der Hass sowie die unendliche Scham in mir auf. Dann erst reifte die Idee in mir, zu vergeben.

In allererster Linie mir, denn es gibt nichts wofür man sich schämen muss.

Wichtig, das nenne ich wahre Stärke, ist, dass du jetzt dieses Buch in Händen halten kannst.

Am meisten beschäftigte mich die Feststellung: Je mehr Energie ich dem Bösen gebe, schürt das meine Angst nur noch mehr. Ich wollte mein Leben zurück. Wollte wieder in Freude leben, Leichtigkeit und keinesfalls es geprägt von Angst, Panik, Depression und Verfolgungswahn, wo sonst ich mich hätte noch reinsteigern können.

Doch diesen Weg wählt jeder für sich.

Darüber kann und sollte niemand urteilen, denn viele haben auch nicht die Kraft, das mental durchzuhalten und rutschen automatisch einfach ab.

Daher die Frage: Kennst Du die Lebensgesetze? Hast Du Dich schon mal mit den Lebensgesetzen befasst? Egal, sie wirken so oder so.

Einfacher ist das Leben, wenn man um sie weiß.

Es gibt ein Gesetz das heißt, Gesetz der Anziehung – oder Gesetz der Resonanz. Ich möchte es Dir kurz erklären:

Sicher kennst Du das Gefühl, je mehr Du Dich auf das Thema fokussierst, das dich ärgert, dir Angst macht oder Tag, ein Tag aus in deinem Kopf rum schwirrt, desto schlimmer wird es.

Krass ausgedrückt, je mehr ich mich auf das Stalking und all die Scheiße fokussierte und meine Gedanken lenkte, desto schlimmer wurde es.

Ich zog es förmlich an. In meinem Kopf drehte sich alles nur darum.

Wie lenkt man sich ab, wenn die Gedanken nur darum kreisen?

Es bedarf dem richtigen Umfeld, einer Entscheidung, enorm viel Mut, Stärke und Entschlossenheit, wirklich etwas verändern zu wollen. Ich weiß, es ist verdammt nochmal nicht leicht.

Hier gebe ich Dir **meine 7 Schritte an die Hand**, die mir geholfen haben, meine Situation positiv zu verändern.

Glaube mir, ich arbeite heute noch damit, denn wie alles, ist es Arbeit und einfach ein Prozess, den man durchläuft. Rom wurde schließlich auch nicht an einem Tag gebaut!

Alles beginnt damit, denn Fokus zu verändern. Es bedarf der Übung und der Regelmäßigkeit. Je mehr Du Dir und Deiner Intuition vertraust, desto schneller und nachhaltiger   wirkt   es.

Ich befasse mich seit mehr als 15 Jahren mit diesen Themen:
Mindset und die Kraft der Gedanken um den Fokus zu verändern.

Es ist ein Prozess, welcher immer gelernt und angewendet werden will. Ich liebe diese Arbeit, sie mir hilft mir Tag täglich weiter. Ich habe auch jetzt noch mindestens fünf Coaches, die mich in allen Bereichen meines Lebens begleiten. Denn ohne sie und deren Wissen, meiner Disziplin, es auch umzusetzen, wäre ich heute nicht da, wo ich bin.
Nicht die Frau, die hier diese Zeilen für Dich schreibt, um Dir Mut zu machen.

1. Triff eine Entscheidung

Was willst Du? Ein Leben als Opfer oder ein Leben als Schöpfer?

Jetzt ist es an der Zeit, eine Entscheidung zu treffen. Worauf Du Deine Gedanken richtest, das ziehst Du weiter in Dein Leben. Willst Du Opfer sein und weiter die Scheiße anziehen wie eine Fliege, die ihren Fokus nur auf der Scheiße hat? Denn mal ehrlich, eine Scheißhausfliege sucht den ganzen Tag nur nach der Scheiße bei den Kühen und das weiß ich so genau, weil ich auf dem Land groß geworden bin. Im Kuhstall wimmelt es nur so vor Fliegen.

Oder willst Du Schöpfer sein, wie eine Biene, die egal, wo sie ist, eine Blume findet? Das weiß ich so genau, weil ich in einer Imker- Familie groß wurde. Heute weiß ich, dass ich schon immer eine Biene war und bin, denn bis heute glaube ich stets an das Gute im Menschen und habe immer einen Ausweg gefunden. Manchmal hat es etwas gedauert, doch durch das jahrelange Training wurde ich immer schneller im Finden der Blumen und im Erkennen der schönen Dinge im Leben.

Weder jetzt, Deine Geschichte zu werten oder sie zu kennen. Weder darauf bezogen, was Dir zugestoßen ist und wie beschissen es Dir geht. Eines steht fest:
Das Entscheidendste in diesem Prozess ist, Du musst für Dich eine Entscheidung treffen!!
Ich habe meine getroffen, doch glaube mir, das war nicht leicht am Anfang.
Ich habe mich für den Weg als Schöpfer entschieden.
Ab dem Zeitpunkt haben sich die Gedanken des Schöpfers in meinem Leben materialisiert, denn ich hatte mich entschieden, dem Anderen keine Aufmerksamkeit mehr zu schenken.
Also wenn Du Deinen Fokus, wie die Biene auf die schönen Dinge ausrichtest, ziehst Du auch mehr schöne Dinge in Dein Leben.

2. Übernimm die Verantwortung

Jetzt, wo DU die Entscheidung getroffen hast, Schöpfer zu sein, geht es darum, auch die Verantwortung dafür zu übernehmen. Es ist Deine Verantwortung, zu 100 %.

Hole Dir also Deine Macht zurück, denn nur DU allein als Person hast es in der Hand, ob DU Dich von Deinem Stalker oder einer anderen Person als Opfer behandeln lässt und ihm die Macht über Dich gibst.

Beispiel:
Du willst Dich loslösen, von dieser Situation, die Dir Energie raubt, Deine Lebensqualität, Dir Angst macht und Deine Gesundheit gefährdet?

Es geht nicht darum, dass Dein Stalker aufhört, Dein Umfeld, welches dich nicht versteht, was in Dir vorgeht. Auch nicht Dein Psychologe, der Dir eine Therapie verschreibt oder sonst was. Es gibt nur eine Person, die in der Lage ist, eine solche Änderung herbeizuführen. Nur eine Person besitzt die Macht und Stärke, ganz egal, was er oder sie Dir angetan hat, ganz egal, wo Du jetzt stehst, ganz egal, zu welchem Zeitpunkt eine Entscheidung zu treffen ist und damit alles zu verändern.

Das kannst nur **DU.**

DU hast die Verantwortung für **Dich**.

Es ist Deine Selbstverantwortung: **Zu 100 %.**

Nur **DU** kannst es verändern.

Also wenn **Du** noch keine Entscheidung getroffen hast, triff sie: **Jetzt!**

3. Ohne Ziel kein Ankommen

Du brauchst ein klares Ziel, um aus dieser Situation herauszukommen.

Willst Du weiter das Gefühl haben, als wärst Du eingesperrt? Machtlos? Als würde man Dir ein Stück Deiner Lebensqualität rauben? Willst Du weiter in Angst leben? Bestimmt nicht, oder?

Willst Du wieder lachen. Freude haben, Fliegen wie ein Adler, selbstbestimmt das Leben was du verdienst, dann setze Dir dieses Ziel.

Hol Dir Dein Leben zurück, Deine Freiheit, Deine Leichtigkeit, all das, was Dir Freude macht. Denn mal ehrlich das ist dein Geburtsrecht.

4. Stell Dir bessere Fragen, dann erhältst Du bessere Antworten

Nun hast Du ein klares Ziel vor Augen. Ich gehe fest von der Annahme aus, Du möchtest Adler sein?

Nun stellst Du Dir einfach andere Fragen als vorher. Du richtest Deinen Fokus darauf aus, was Du brauchst, um ein Adler werden zu können. Denn Energie folgt Deinem Fokus. Deine Gedanken ziehen das an, was Du fokussierst.

Stell Dir vor, wie es sich anfühlt, wenn Du diese Situation gemeistert hast. Wenn Du sie schon erlebt hast, jedoch noch nicht das Ideal erreicht hast.

- Wer kann Dir helfen dahin zu kommen?
- Was sind Deine Ziele und Wünsche?
- Was willst Du in Deinem Leben noch erreichen?
- Wohin willst Du reisen?

Finde Bilder dazu und klebe alles, was Du Dir wünscht, auf ein großes Blatt Papier. Ich nenne dies: Vision Board.

Stelle es an einen Ort, an dem Du es jeden Tag betrachten kannst.

Wenn es Dir schlecht geht, stell Dir den Ort vor, an dem Du sein willst. Stell Dir nicht vor, was Du nicht mehr willst. Stell Dir nur vor, was Du willst.

Wenn Du nicht weißt, was DU willst, kann Dir das Leben auch nichts liefern!
Dein Leben ist wie eine Landkarte, denn ohne Stadtplan wirst Du auch in einer neuen Stadt nicht ans Ziel kommen, außer Du fragst die Leute gezielt nach dem Weg.
So ist es auch im Leben.

Stelle Dir bessere Fragen:
- Was ist das Gute daran, dass Dir das passiert ist?
- Was kannst Du daraus lernen?
- Wie kannst Du dadurch wachsen?
- Kannst Du der Adler oder die Biene sein, um anderen Frauen Mut zu machen mit Deiner Geschichte?
- Was sind Deine Träume?

5. Energie gewinnt

Die Antwort auf diese Frage ist so genauso einfach zu beantworten, wie die Frage, was Dir im Leben Freude bereitet? Ja richtig, was macht Dir im Leben Freude? Denn bei Dingen, die Dir Freude machen, hast Du Energie.

Ist es ein Spaziergang in der Natur, dann geh raus spazieren. Ist es gute Musik, bei der Du sofort anfängst zu tanzen? Lege sie ein und Tanze.

Ist es ein gutes Buch? Lies es.

Ist es eine Person, die Dich zum Lachen bringt, bei der Du die Zeit vergisst? Ruf sie an und triff sie.

Ist es der Sport, bei dem Du alles vergisst? Dann beweg Dich.

Doch was im Leben gibt Dir Energie?

Außer Sport ist Schlaf ein wichtiger Punkt. Auch Deine Ernährung und welche Lebensmittel Du Deinem Körper zufügst. Geben sie Dir Energie, oder rauben sie Dir Energie?

Gib Deinem Körper nur Nahrung, die ihm und Dir Kraft geben. Wenn Du es schwer hast zu schlafen, weil Dich Deine Angst, Deine Geschichte schon bis in den Schlaf verfolgt, hole Dir auf jeden Fall Hilfe, denn es gibt nichts Schlimmeres, als wenn Du keinen erholsamen Schlaf hast. Ich persönlich ziehe daraus am meisten Energie.

6. Notiere dir deine Erfolge, die du machst

Ein ganz wichtiger Tipp, wie Du sofort Deinen Fokus verändern kannst, ist, dass Du Dir Deine Erfolge notierst. Statt Dich darauf zu konzentrieren, was Du nicht kannst, fokussiere Dich einmal darauf, was Du alles kannst. Was Dir gut gelungen ist. Frage Dich, wem Du heute ein Lächeln geschenkt hast? Eine Umarmung? Was kannst Du gut? Was sind Deine Stärken? Hast Du jemandem einen Kaffee gemacht? Deinen Kindern Frühstück? Alle To dos erledigt? Ein Geschenk erhalten? Einen Brief, der Dir Freude bereitet? Einen Menschen getroffen, der Dir ein Lächeln auf Dein Gesicht zaubert? Einen Spaziergang gemacht? Getanzt? Musik gehört, die Du gerne hast? Etwas gekocht? Sport gemacht? Menschen, die Dir heute geholfen haben und Deinen Tag besser gemacht haben? Du wurdest für Etwas gelobt? Dein Projekt wurde fertiggestellt? Was auch immer es ist, schreibe es auf. Wenn Du Dir nicht sicher bist, was ein Erfolg sein könnte, schreibe ihn trotzdem auf. Schreibe die kleinsten Dinge auf, denn das macht schon etwas mit Dir. Leg Dir ein Erfolgsjournal an und schreibe Deine Erfolge jeden Tag auf. Du wirst merken, wie sich vieles in Deinem Leben verändern wird. Dein Fokus wird sich auf die Dinge in Deinem Leben konzentrieren, die Du möchtest. Du wirst mehr und mehr die Gedanken finden und die Erfolge immer schneller in Deinem Leben erkennen. Genau davon wird Dir das Leben mehr bringen.

7. Schreibe auf, wofür Du in Deinem Leben dankbar bist

Einer der magischsten Momente für mich ist es, Dankbarkeit zu zeigen. Für alles, was Dir gerade in den Sinn kommt. Für Situationen in Deinem Leben, für Menschen, Ereignisse und Erfahrungen, die Du in Deinem Leben gemacht hast.
Die guten und die weniger Guten. Für Begegnungen, Geschenke, ein Lächeln, gute Musik, Wasser, den Regen, Feuer, die Erde, Blumen, Pflanzen, Strom, Essen, fließendes Wasser, Nahrung, Lebensmittel, hier in Europa leben zu können. Egal was, sei dankbar, Du wirst erkennen, wie schnell sich Dein Fokus auf das Gute richten wird. Auf all jene Dinge, die Dir widerfahren sind, wofür Du dankbar bist. Denn eines ist sicher, Du kannst nicht gleichzeitig dankbar und undankbar sein, negative Gedanken haben und positive Gedanken.

Indem Du dankbar bist, ziehst Du automatisch noch mehr tolle Dinge in Dein Leben.
Also sei dankbar, für jeden Tag, an dem Du aufwachst und Dir bewusstwirst, was für ein Glück Du hast, überhaupt noch zu leben. Zu atmen.
Das mag vielleicht kein großer Trost sein, was auch immer Dir nun Schlimmes widerfahren ist, in welcher Situation Du auch noch stecken magst, die für Dich aussichtslos erscheinen mag.

Es gibt immer eine Lösung. Dankbarkeit ist eines der mächtigsten Werkzeuge, die ich kenne. Sie hilft mir immer, Situationen in meinem Leben zum Positiven zu wenden.

Kapitel 16: Lothar Franz - Cybermobbing

Wenn ich an meine Schulzeit zurückdenke, dann fällt mir auf, dass damals die heute existierenden sozialen Medien noch nicht etabliert waren. Wir hatten noch ein Telefon mit Wählscheibe und der Fernseher wurde zu den olympischen Spielen 1972 in München angeschafft. Niemand lief mit Stöpseln im Ohr herum, oder sprach eine Nachricht ein, damit er sie mit dem Handy versenden konnte. Das ist nun schon länger Geschichte. Mobbing passiert nicht nur „Life" in der Schule, sondern mit dem Handy und über das Internet. Nacktfotos werden eingestellt und verschickt, hunderte Menschen werden per „Facebook" animiert, an einer Fete teilzunehmen, obwohl sie den Gastgeber überhaupt nicht kennen. Immer wieder werden beleidigende und verletzende Nachrichten über E-Mail, SMS oder in Charts gesendet. Verleumdungen und Gerüchte machen blitzschnell in einem großen Kreis die Runde. „Zeit online" berichtet, dass jeder zehnte Schüler schon mal online gemobbt wurde.[24] Ich finde es sehr bedenklich, dass bereits 7-Jährige erste Erfahrungen mit Cybermobbing machen müssen, während 14-Jährige am häufigsten betroffen sind. So werden Gerüchte in die Welt gesetzt und Schülerinnen erpresst. Gibt es überhaupt Gesetze gegen Cybermobbing? Österreich macht es uns vor. Bereits seit Anfang 2016 gibt es dort ein eigenes Gesetz gegen Cybermobbing. Paragraph 107 c Strafgesetzbuch definiert dies als *„fortgesetzte Belästigung im Wege einer Telekommunikation oder eines Computersystems."*[25] Die Strafandrohung lautet bis zu 3 Jahren Haft. Es gibt ähnliche Gesetze gegen folgende Tatbestände:

- Stalking
- Verleumdung (üble Nachrede)
- Datenbeschädigung
- Nötigung
- Kinderpornographie
  Frappierend ist, dass wir in Deutschland noch keinen eigenen Paragraphen gegen Cybermobbing haben, sondern einzelne Tatbestände in den Mittelpunkt der Strafverfolgung stellen. Dies sind im Einzelnen:[26]
- Beleidigung (§ 185 Strafgesetzbuch – StGB)
- Üble Nachrede (§ 186 StGB)
- Verleumdung (§ 187 StGB)

---

[24] www.zeit.de/gesellschaft/schule/2017-05/cybermobbing-studie-praevention/komplettansicht Stand 18.03.19

[25] www.feel-ok.at/de_AT/jugendliche/themen/medienkompetenz/ressourcen/cybermobbing_medie ngewalt/cybermobbing/cybermobbing_gesetz.cfm Stand 19.03.19

[26] www.klicksafe.de/themen/kommunizieren/cyber-mobbing/was-sagt-das-gesetz/ Stand 19.03.2019

- Nachstellung (§ 238 StGB) – Die Strafandrohung geht bis zu einer Freiheitsstrafe von 3 Monaten bis zu 5 Jahren.
- Nötigung und Bedrohung (§ 240 + § 241 StGB)

Während ich diesen Artikel schreibe, werden gerade die nagelneuen 5 G-Netze versteigert. Die Kommunikationswege werden rasend schnell und Anonymität und Distanz ermöglichen Aussagen, die bei einer „Face to Face" Begegnung so wohl nicht fallen würden. Manche Kinder und Jugendliche stellen Fotos, oder Videos ins Netz und ahnen nicht, welche negativen Folgen, das haben kann. Hänseleien und negative Bewertungen sind dann die Folge.

Häufigkeit von Cyber-Mobbing in Deutschland
Aus einer Studie des Medienpädagogischen Forschungsverbundes Südwest aus dem Jahr 2017 geht hervor, dass in der Altersgruppe der 12 bis 19- Jährigen 37% angaben, dass in ihrem Bekanntenkreis schon mal jemand per Internet oder Handy fertiggemacht wurde. Je älter die Jugendlichen waren, desto höher war der Anteil derer, die schon einmal solch einem Fall hatten.[27]

Achtung:
Wenn Du die Geschichte von Joel liest, kann es sein, dass Du getriggert wirst. Deshalb ist hier wirklich Vorsicht geboten.

Es ist Sonntagabend und Joel hat starke Bauchschmerzen. Er liegt im Bett und krümmt sich. Marlene, seine Mutter kommt mit einer Wärmflasche und versucht ihn zu trösten. „Komm, Joel so schlimm wird es schon nicht werden." „Du hast keine Ahnung, Mama", antwortet Joel. „Kann ich bitte auch Puma Turnschuhe bekommen?" „Du weißt, dass wir uns das nicht leisten können, Joel." Joel ist verzweifelt. „Mama, alle haben Levi's Jeans nur ich nicht." Marlene stößt einen tiefen Seufzer aus. Joel liegt ihr sehr am Herzen, aber sie weiß einfach nicht, woher sie das Geld nehmen soll, seitdem ihr Mann sich von ihr getrennt hat. Maurice zahlt seit 2 Monaten keinen Unterhalt mehr, weder für sie, noch für Joel. Gestern hatte sie Joel überrascht, als dieser gerade „Facebook" auf seinem Handy geöffnet hatte. Da stand: „Fick Dich, Du schwuler!!!" Sie musste hart für dieses Handy sparen und konnte es ihm dann zum Geburtstag schenken. Nun sieht Joel einen Link auf seiner „Facebook" Seite, und als er diesen anklickt, öffnet sich eine Porno-Seite. Joel ist erst 13 Jahre alt und wird dann auf dieser Seite als „schwul" beschimpft. Nun ist es für Joel undenkbar, am Montag zur Schule zu gehen, ohne zu wissen, wer ihm diesen Mist eingebrockt hat. Joel hilft jedem gerne, er hört zu und hat eine ausgeprägte soziale Ader. Mutter und Geschwister ahnen über lange Zeit nicht, wie es Joel wirklich geht. Er möchte seine Mutter nicht auch noch belasten. Lieber behält er es für sich. So ahnt seine Mutter an diesem Abend nicht, welch tragisches Ende das Leben von Joel nehmen wird. Joel weiß keinen Ausweg mehr und so beendet er in einer Kurzschlussreaktion sein

---

[27] ebd.

Leben. Mobbing zerstört nicht nur das Leben des Opfers, sondern auch der Familie, die dahintersteht.

Deshalb: Wenn Ihr von Mobbing betroffen seid, habt keine Angst, redet mit Euren Eltern und Euren wahren Freunden. Niemand darf allein bleiben. Es gibt **immer** einen Ausweg!

Tipps für Jugendliche bei Cyber-Mobbing[28]

Alles das was wir lesen oder hören wird auf unserer „Festplatte" im Gehirn gespeichert. Sowohl Schönes, aber auch Schlechtes. Das was wir speichern, halten wir für wahr. Im Nationalsozialismus und in der ehemaligen DDR wurden die Ideologien der Machthaber dazu benutzt, die Menschen von klein auf zu indoktrinieren. Es entstand ein mächtiger Sog und es war sehr schwer, sich diesem zu entziehen. Jeden Tag neu erreichen uns tausende von Nachrichten und Gedanken. Deshalb dürfen wir uns gegen das Schlechte immunisieren, indem wir uns bewusst mit Schönem, zum Beispiel der Natur beschäftigen.

Ganz entscheidend wichtig: Du bist nicht allein, auch wenn Du Dich vielleicht im Moment so fühlst. Ich möchte Dich auf eine ganz tolle Seite im Internet hinweisen: www.juuuport.de Dort helfen Jugendliche anderen Jugendlichen, die Opfer eines Cyber-Mobbings geworden sind. Gerne kannst Du Dich auch bei mir melden, ich berate Jugendliche ehrenamtlich. Meine verschiedenen Kontaktdaten findest Du am Ende dieses Buches.

Lass Dir zeigen, wie Du unangenehme Nachrichten, Bilder oder Online-Gespräche kopieren kannst. Diese Beiträge helfen Dir den Verursacher zu ermitteln. Wenn die Angriffe über längere Zeit bestehen und regelmäßig schlimmer werden, kannst Du auch die Polizei einschalten.

Ich habe mal alle Kontakte, die mir nicht guttun bei WhatsApp blockiert. Das geht sehr einfach und andere Netzwerke wie Facebook, Instagram und YouTube bieten Dir solche Möglichkeiten, damit Du Beleidigungen oder Hass-Postings löschen kannst.

Benenne glasklar, was Dich genau verletzt. Je klarer Du hier bist, umso besser kannst Du Dich schützen. Dabei darfst Du zu Deinen Gefühlen stehen, ohne alles von Dir Preis zu geben. Paragraf 185 des Strafgesetzbuches besagt, dass wenn Dich jemand beleidigt, der Straftatbestand der „Beleidigung" erfüllt ist. Niemand hat das Recht, Dich zu verletzen oder zu beleidigen.

---

[28] www.klicksafe.de/themen/kommunizieren/cyber-mobbing/tipps-fuer-paedagogen-und-jugendliche Stand 24.03.2019

Tipps für Lehrer und Erzieher:

- Biete den Schülern Halt und Sicherheit. Vermittele ihnen, dass Du hinter den Opfern stehst. Richte Deine Aufmerksamkeit darauf, dass die Betroffenen sicher sein dürfen, dass es gut war, dass sie zu Dir gekommen sind.

- Selbstverletzungen und Suizidale Gedanken sind immer zu beachten. Eruiere, welche Gedanken die Betroffenen beschäftigen. Beachte welche Möglichkeiten die Opfer haben, einmal so richtig „Dampf rauszulassen". Scheue Dich bitte nicht, im Zweifelsfall den Rat von Therapeuten zu suchen. Bei akuter Gefahr schalte die Polizei ein, wenn Du nicht sicher bist, wie die Suizid-Gedanken der Schülerin einzuordnen sind. Kläre, ob Familie oder Freunde die Schülerin schützen können.

- Die Frage der „Kindeswohlgefährdung" ist heiß umstritten. Was bedeutet das denn? Wann ist das Kind wirklich gefährdet? Nun, da dürfen wir uns dem § 1666 Absatz 1 des Bürgerlichen Gesetzbuches (BGB) nähern.
  Ich zitiere:[29] Eine Gefährdung Kindeswohls liegt vor bei einer Gefährdung des körperlichen Wohls eines Kindes.

- bei der Gefährdung des geistigen Wohls eines Kindes.

- bei einer Gefährdung des Vermögens eines Kindes.

Wir sehen hier, welche Grautöne vorliegen, dass eben nicht alles nur schwarz oder weiß ist. Wenn wir weiter bedenken, dass Gerichte und Jugendämter hoffnungslos unterbesetzt sind, ahnen wir eklatante Missstände. Prinzipiell finde ich es richtig, dass der Staat lediglich beschränkte Möglichkeiten hat, Einfluss auf das Wohlergehen einer Familie zu nehmen. Doch bei **Vernachlässigung, Misshandlung** sowie **sexuellem Missbrauch** müssen die Behörden **unverzüglich** reagieren. **Vernachlässigung** maskiert sich in zwei Kategorien: der **Psychischen Misshandlung** und der **Physischen Misshandlung**. Mobbing, egal in welchen Bezügen, schädigt die Betroffenen oft auch noch lange nach der Tat. Die Zeit heilt eben doch nicht alle Wunden. Das Rad der Misshandlungen wird sich immer schneller drehen, wenn niemand die Speichen anhält. Lass Dir den Sachverhalt am besten aus unterschiedlichen Betrachtungsweisen erklären. Extrahiere quasi den Wahrheitsgehalt und dokumentiere die Umstände zum Beispiel im Klassenbuch.

Falls keine Kindeswohlgefährdung vorliegt, ist die Schweigepflicht unbedingt zu beachten. Ansonsten machst Du Dich schuldig. Ich habe bereits darauf hingewiesen, dass unter Umständen die Polizei einzuschalten ist. Insbesondere wenn:[30]

---

[29] www.juraforum.de/lexikon/kindeswohl-gefaehrdung Stand 25.03.2019 Wegen der besseren Lesbarkeit verzichte ich hier auf den Kursiv-Druck

... der Konflikt nicht mit pädagogischen Maßnahmen mit entsprechender Kommunikation zu lösen ist, polizeiliche Maßnahmen jedoch dazu geeignet sind, zur Deeskalation beizutragen.

... die Täter identifiziert sind und Straftaten vorliegen. Das können unter anderem folgende Delikte sein:

- Körperverletzung
- Sexueller Missbrauch
- Erpressung

... die Täter nicht zur Schule gehören und sich damit außerhalb der erzieherischen Maßnahmen befinden.

---

[30] ebd.

Kapitel 17: Lothar Franz - Machtmissbrauch in der Politik

Welchen Einfluss haben Lobbyisten in der Politik? Von den USA wissen wir, dass zum Beispiel die mächtige Waffen-Lobby seit Jahren strengere Gesetze gegen den Gebrauch von Waffen verhindert. Und dies trotz – oder vielleicht gerade wegen – den Amokläufen an den Schulen und Universitäten. Der Ablauf ist dabei im Grunde immer der Gleiche. Es werden Kinder und Jugendliche sowie ihre Lehrer von narzisstischen Tätern erschossen. Ein Sturm der Entrüstung bestimmt die Medien, Eltern gehen auf die Straße und fordern strengere Gesetze gegen bestimmte Waffen. Doch nach einigen Tagen verläuft der Einsatz der Eltern und Erzieher im Sand. Die Waffen-Lobby hat mal wieder gesiegt und Donald Trump reibt sich seinen Bauch. Interessant ist, dass Jesus ganz genau wusste, welchen Einfluss das Geld auf unser Leben hat. Der Volksmund weiß: „Je mehr er hat, je mehr er will." Jesus sagt in Matthäus 6,24:[31] *„Niemand kann zwei Herren gleichzeitig dienen. Wer dem einen richtig dienen will, wird sich um die Wünsche des anderen nicht kümmern können. Er wird sich für den einen einsetzen und den anderen vernachlässigen. Auch ihr könnt nicht gleichzeitig für Gott und das Geld leben."* Wir merken: es geht quasi um einen Herrschaftsanspruch. Die „Diesel-Krise" führt uns lebhaft vor Augen, wer die Macht hat. Die Automobil-Wirtschaft ist entscheidender Motor unserer sogenannten „Sozialen Marktwirtschaft". Dobrindt, Söder und Merkel erklären unisono, dass auf die Automobil-Industrie Rücksicht genommen werden müsse, da sonst tausende Jobs verlorengingen. In den USA sieht das inzwischen ganz anders aus: Das „Manager Magazin" berichtete im Juli 2018, dass VW ein Entschädigungsprogramm von bis zu zehn Milliarden Dollar aufgelegt habe.[32] Dieses Geld war für Rückkäufe und Reparaturen von fast 500.000 Dieselwagen mit Manipulations-Software vorgesehen. Die Kunden in den USA konnten zwischen folgenden Alternativen wählen:

- Die Fahrzeuge an VW zurück verkaufen.
- Ihre Leasing-Verträge beenden.
- Wenn möglich die Betrugssoftware aus den Autos entfernen.

---

[31] www.bibelserver.com/test/HFA/Matthäus6 zitiert aus der „Hoffnung für Alle"
[32] www.manager-magazin.de/unternehmen/autoindustrie/volkswagen-us-berufungsgericht-bestaetigt-milliardenvergleich-a-1217596.html Stand 28.03.2019

Bereits vor **2 Jahren** hatte VW in einem ersten Vergleich Zahlungen von 14,7 Milliarden Dollar akzeptiert. Inzwischen sind die Rechtskosten auf mehr als 25 Milliarden Euro angestiegen. Demgegenüber ist die Zahlung von VW über ein Bußgeld von einer Milliarde Euro in Deutschland nur „Peanuts".[33] Die Manager der Autokonzerne wie Winterkorn, Zetsche oder Stadler werden immer noch von der Politik mit Samthandschuhen angefasst. Der Verbraucher ist der Dumme. Mehr noch: VW stellt fest, dass überwiegend in Deutschland zwischen 5.000 und 7.000 Stellen abgebaut werden. Pikant daran ist, dass das Land Niedersachsen zweitgrößter VW-Aktionär ist und Ministerpräsident Weil (SPD) und der Wirtschaftsminister Bernd Althusmann (CDU) im Aufsichtsrat von VW sitzen.[34] Der FDP Vorsitzende Lindner, auch sonst immer an vorderster Front, wenn es gilt die Schere zwischen Arm und Reich zu erweitern sagte: *„Der Wind auf den Weltmärkten wird rauer. Jetzt muss jedem klarwerden: Unser Wohlstand ist kein Rohstoff, der einfach nachwächst. Wirtschaftliche Stärke muss immer wieder neu erarbeitet werden."* Und wenn sie nicht gestorben sind, kämpfen sie auch heute noch für Millionäre.

Nebeneinkünfte von Politikern

Als ich mich mit dieser Frage beschäftigte, hatte ich das Gefühl, mich auf einem verminten Feld zu bewegen. Das liegt wohl daran, dass die im Raum stehenden Zahlen schwindelerregend sind. Na ja, ich kann mich als Erwerbsminderungsrentner wohl nicht als Maßstab nehmen. Inzwischen sitzen viele Politiker fröhlich in irgendwelchen Aufsichtsräten und „verdienen" sich eine goldene Nase. Die Liste der Nebeneinkünfte von Politikern liest sich wie das „Who is Who" der Wirtschaft. Beispiele gefällig? Bitte schön:

- Heinz Riesenhuber (CDU) kassierte als Verwaltungsratschef der Schweizer Beteiligungsgesellschaft HBM Healthcare Investments AG zwischen 2014 – 2016 mindestens 350.000 Euro.[35]

- Ulla Schmidt (SPD) und ehemalige Gesundheitsministerin kassierte vom Schweizer Pharmakonzern Siegfried Holding AG pro Monat 3.500 bis 7.000 Euro, inklusive eines stattlichen Zusatzhonorars für 2016 beliefen sich ihre Einkünfte zwischen 127.500 bis 205.000€.

---

[33] www.sueddeutsche.de/wirtschaft/diesel-affaere-vw-muss-eine-milliard-euro-strafe-zahlen-1.4015308 Stand 28.03.2019

[34] www.finanznaachrichten.de/nachrichten-2019-03/46209492-geplanter-stellenabbau-bei-vw-lindner-wirft-weil-untaetigkeit-vor-003.html Stand 28.03.2019

[35] www.abgeordnetenwatch.de/blog/2017-08-02/abgeordnete-kassierten-millionen-aus-der-wirtschaft Stand 01.04.2019

- Der ehemalige Bundestagspräsident Norbert Lammert (CDU) erhielt vom Kohlekonzern RAG in der abgelaufenen Wahlperiode zwischen 120.000 und 200.000€.

- Der Bundestagsabgeordnete Joachim Poß (SPD), der zusammen mit Lammert dem Aufsichtsrat angehört, erhielt eine Vergütung in gleicher Höhe.

- Johannes Röring (CDU) ist auch Inhaber eines Energie- und Düngemittelbetriebs. Er erhielt vom sogenannten „Vertragspartner 3" zweimal mindestens 250.000 Euro. So können wir als Wähler eben nicht feststellen, ob hier ein Interessenkonflikt vorliegt.

Abgeordneten.de fordert:

- Alle Nebeneinkünfte inklusive der Geldgeber müssen offengelegt werden.

- Alle Wählerinnen und Wähler haben das Recht zu erfahren, welche Kontakte es zwischen den einzelnen Lobbyisten und Politikern gibt und welchen Einfluss sie auf die Gesetzgebung haben.

- Wenn Unternehmen, Verbände und Organisationen nicht bereit sind in einem „Lobbyregister" geführt zu werden, dürfen Abgeordnete dort keine Nebentätigkeit annehmen.

Der Fall Barschel – oder der größte Politik-Skandal in Deutschland – oder: Wie Macht korrumpiert.

Die Bilder gingen um die Welt: Ein toter Uwe Barschel liegt in der Badewanne eines Luxus-Hotels in Genf. War es Selbstmord oder Mord? Bis zum heutigen Tag ist dies nicht klar. Es gibt Hinweise auf einen Mord, doch diese sind zum Teil verschwunden. Zum Beispiel wurde im Zimmer von Barschel ein fremdes Haar gefunden, das jedoch aus den Asservaten der Polizei verloren ging.

Seine Karriere liest sich wie ein politisches Wunder: Nachdem Gerhard Stoltenberg im Oktober 1982 von Helmut Kohl zum Finanzminister in seinem Kabinett berufen wurde, trat Uwe Barschel mit 38 Jahren – und damit als bisher jüngster Politiker in der Bundesrepublik Deutschland – das Amt des Ministerpräsidenten von Schleswig-Holstein an. Bei den Landtagswahlen im darauffolgenden Jahr konnte er mit der CDU mit 49% die absolute Mehrheit verteidigen.

Wir machen einen Sprung ins Jahr 1987. Wir schreiben Samstag, den 13. September einen Tag vor der Landtagswahl. So ganz kurz vor dieser Wahl in Schleswig-Holstein sickert auf einmal durch, dass Kübel voller Schmutz und Verleumdungen auf den SPD

Herausforderer Björn Engholm geworfen wurden. Dann geht es auf einmal Schlag auf Schlag: Barschel soll von den Angriffen auf Engholm gewusst haben. Mehr noch: er soll seinen „Mann für's grobe" Medienprofil Reiner Pfeiffer ermuntert haben. Bei der Wahl verliert die CDU mit 42,6% der abgegebenen Stimmen ihre absolute Mehrheit und wird hinter der SPD die mit Engholm sagenhafte 45,2% erreicht, nur noch zweite Kraft. Fünf Tage nach der Wahl erklärt Barschel in einer eilig einberufenen Pressekonferenz:

„Über diese Ihnen vorzulegenden eidesstattlichen Versicherungen hinaus gebe ich Ihnen, gebe ich den Bürgerinnen und Bürgern des Landes Schleswig-Holsteins und der gesamten deutschen Öffentlichkeit mein Ehrenwort – ich wiederhole: Ich gebe Ihnen mein Ehrenwort! – dass die gegen mich erhobenen Vorwürfe haltlos sind".[36] Durch den öffentlichen Druck, aber auch wegen der nachlassenden Unterstützung in der eigenen Partei tritt Uwe Barschel schließlich am 2. Oktober 1987 als Ministerpräsident zurück.

Im Jahr 1987 als sich dieser Fall abspielte, werden Nachrichten noch per Telex versendet. Barschel hat sich auf Gran Canaria zurückgezogen. An einen Parteifreund schreibt er:[37]

„leider bin ich jetzt in meinem kampf für die erhellung der vollen wahrheit fast auf mich allein gestellt. aber ich werde kaempfen, damit die volle wahrheit ans licht kommt. aufgrund einer information, die ich vor einigen tagen erhalten habe, und der ich noch am wochenende persoenlich nachgehen werde, koennte ich vielleicht schon am montag einen wesentlichen beitrag zur aufklaerung leisten. ich kann in diesem fs (gemeint ist das Fernschreiben) nicht mehr andeuten." Gezeichnet: Dr. Uwe Barschel, Ministerpräsident von Schleswig-Holstein."

Im Jahr 2016 sendete die ARD einen Dreistündigen Spielfilm, doch auch dieser konnte nicht alle Eventualitäten beantworten. „Der Fall Barschel" bleibt wahrscheinlich für immer ein Mysterium. Und in diesem Zusammenhang spielen die Medien eine eminent große Rolle. Denn Barschel wurde vom „Stern"- Reporter Sebastian Knauer um 12:43 Uhr in der Wanne des Zimmers 317 im Genfer Hotel „Beau Rivage" entdeckt. Heute würden wir sehr wahrscheinlich sagen, dass Barschel ein „Junkie" war. Er konsumierte unter anderem Tavor und Valium, eine Mischung hochwirksamer Beruhigungsmittel, die in einem Zeitraum von 4 Wochen regelmäßiger Einnahme abhängig machen können. Dazu kommen weitere Sedierende Mittel, zum Beispiel Schlafmedikamente. Sicher ist wohl, dass Barschels Kopf nicht unter Wasser gedrückt wurde. Demgegenüber ist die Liste der mangelhaften Ermittlungen durch die Behörden lang:

---

[36] www.wikipedia.org Uwe Barschel; Stand 09.04.2019
[37] www.welt.de Stand 04.04.2019 Barschel schreibt den Text komplett in Kleinbuchstaben. Wegen der Authentizität übernehme ich diesen Text so wie er von ihm geschrieben wurde.

- Die von der Polizei geschossenen Fotos sind unterbelichtet und daher unbrauchbar.

- Die Temperatur des Badewassers wird nicht bestimmt.

- Die Fingerabdrücke sind derart stümperhaft, dass sie nicht mehr zu verwerten sind.

- Im Dezember 1987 wird die Leiche in der Rechtsmedizin in Hamburg untersucht. Am 4. Dezember stellen die Ärzte fest, dass die Schilddrüse, das komplette Herz und der größte Teil der Nebennieren in der Leiche fehlen.[38]

Wie auch immer Barschel starb, welche Umstände zu seinem Tod beigetragen haben, ergeben sich jedoch verschiedene Sichtweisen:

1. Das „Ehrenwort von Uwe Barschel war als „Eidesstattliche Versicherung" vor allem in seinem Wahrheitsgehalt sicherlich ungeheuer.
2. Der Fall zeigt den Zusammenhang zwischen Machtmissbrauch und Menschlichem Versagen.
3. Das Versagen der ermittelnden Behörden aus Polizei und Staatsanwaltschaft kann nicht hingenommen werden.
4. Im Frühjahr 1993 wurde festgestellt, dass Björn Engholm entgegen seiner ursprünglichen Aussage früher von Kontakten der SPD mit Reiner Pfeiffer gewusst hat. Auch er musste zurücktreten.

---

[38] www.welt.de/kultur/article151832710/Diese-Raetsel-um-Barschels-Tod-sprechen-fuer-Mord.html

Kapitel 18: Lothar Franz - Machtmissbrauch in den Medien

„Hollywood" – ein Wort voller Zauber. Ziel von Stars und Sternchen, eine Melodie in Dur. Unvergessene Filme, eine „Traumfabrik" für alle Zeiten. Filmtitel graben sich in unsere Erinnerung:

- „Der englische Patient"
- „Shakespeare in Love"
- „Scary Movie
- „Chicago"
- „Gangs of New York"

Sie alle sind mit einem Namen verbunden, der eigentlich einen guten Ruf in der Branche hatte: Harvey Weinstein und dessen Produktionsfirma. Dann, im Oktober 2017 wird Weinstein beschuldigt, eine große Anzahl Frauen vergewaltigt oder sexuell belästigt zu haben. Die Liste der betroffenen Schauspielerinnen liest sich wie das „Who ist Who" der Filmindustrie: Asia Argento, Ashley Judd, Gwyneth Paltrow, Salma Hayek, Angelina Jolie und Um Thurmann, um die Bekanntesten zu nennen.[39] Weinstein entschuldigt sich und verkündet, er wolle sich seinen Begierden stellen. Am 8. Oktober 2017 wird er aus der Produktionsfirma „The Weinstein Company" entlassen, bereits eine Woche danach wird er aus der Oscar-Akademie ausgeschlossen. Im Mai 2018 stellt er sich der Polizei und wird am 25. Mai 2018 wegen Vergewaltigung und sexueller Nötigung verhaftet. Ein neuer „Hashtag" ist geboren: #MeToo. Frei übersetzt bedeutet dies: „Ich auch". Hier versammeln sich Frauen, die sexuelle Übergriffe erfahren haben. „Hashtag" ist eine englische Wortkombination aus den Begriffen „hash" und „tag". „Hash" steht für den englischen Begriff für das Doppelkreuz (#). „Tag" ist die Bezeichnung für ein Schlagwort.[40] Wenn man nun dieses Raute-Symbol anklickt, wird man zu einem Beitrag über das Schlagwort geleitet. Während ein „Hashtag" auf Facebook nicht so beliebt ist, wird er zum Beispiel auf Twitter gebraucht, um für ein bestimmtes Thema Aufmerksamkeit zu erzeugen. #MeToo verbreitet sich massenhaft durch einen Post der Schauspielerin Alyssa Milano (Charmt – Zauberhafte Hexen). Sie stellt das Problem der sexuellen Belästigung in den Mittelpunkt. In ihrem Post heißt es:[41]

Ich auch. Angeregt von einem Freund: Schrieben alle Frauen, die sexuell belästigt oder genötigt wurden, me too (ich auch) in ihren Status, entwickelten die Menschen vielleicht ein Gefühl für das eigentliche Ausmaß dieses Problems. Wenn du sexuell belästigt oder angegriffen wurdest, schreibe „me too" als Antwort auf diesen Tweet." Noch am gleichen Tag gab es mehr als **200.000** Tweets mit diesem Hashtag. Nach zwei Tagen waren es bereits über **1 Millionen** Erwähnungen.

---

[39] www.wikipedia.org Stand 10.04.2019
[40] www.giga.de Stand 11.04.2019
[41] www.freeware.de Stand 11.04.2019

Sexuelle Belästigungen im WDR

Ich gebe zu, dass ich Beiträge des WDR auf regionaler, als auch auf Bundesebene gerne anschaue. Der WDR „Tatort" mit Ballauf und Schenk ist längst Kult und auch „Schimanski" fluchte und schoss sich dort den Weg frei. Doch in den letzten Monaten kommen Vorkommnisse ans Tageslicht, die irgendeine Abwehrreaktion verursachen. Wir stellen uns folgende Szenen vor:

Praktikantin Marie[42] ist heilfroh, dass sie beim WDR einen Platz ergattern konnte. Im Jahr 2012 darf sie sogar einen bekannten Korrespondenten auf einer Dienstreise begleiten. Abends, nach einem langen und stressigen Tag lädt er sie auf sein Hotelzimmer ein. Anfangs denkt sie sich nichts dabei, sondern fühlt sich geehrt. Im Zimmer angekommen erwartet sie bereits ein perfekt gekühlter Champagner. Dann zeigt der Korrespondent ihr auf seinem Laptop einen Pornofilm Später erfährt sie, dass er einer anderen Kollegin in längeren E-Mails eindeutige sexuelle Angebote machte.

Wahrscheinlich fragst Du Dich jetzt auch, welche Konsequenzen vom WDR ergriffen wurden. Nun, Recherchen von „Stern" und „Correctiv" ergeben, dass der Fall zwar in der entsprechenden Personalakte vermerkt wurde. Abmahnung? – Fehlanzeige. Der WDR erklärt, dass in den letzten 10 Jahren 7 solcher Fälle in Personalakten vermerkt wurden.

Er nennt sich selbst ein „Alphatier", benannt nach dem ersten Buchstaben im griechischen Alphabet: Alphatiere sind also die „ersten", stärksten, wenn Du so willst mit der höchsten Potenz ausgestatteten Tiere. Es sind auch die erfahrensten und aktivsten Tiere einer Herde. Sie dominieren, sie haben die Macht. So wie dieser Journalist. Er steht in der Öffentlichkeit an vorderster Stelle, er ist in den Nachrichtensendungen zu sehen. Die Opfer der Nachstellungen durch dieses „Alpha-Tier" können es nicht fassen. Dieser Typ lächelt doch weiter vom Bildschirm, er ist nach wie vor präsent. Erst als „Correctiv" über den Fall berichtet, wird er freigestellt.

Doch „Stern" und „Correctiv" recherchieren weiter und so wird ein neuer Fall ermittelt. Auch dieser Mann ist regelmäßig in der „Tagesschau" und in den „Tagesthemen" zu bewundern. Ich nenne ihn Bernd. Ein Kollege hat Kontakte zu Kolleginnen, die ihm über sexuelle Belästigung, Mobbing und Machtmissbrauch durch Bernd berichten. Eine Personalrätin wird eingeschaltet und es finden Gespräche statt. Die Personalrätin begreift den Zündstoff der Aussagen, allerdings bitten die Opfer um Anonymität, sie haben einfach zu viel Angst und Scham. Die Personalrätin gibt ihre Informationen „nach oben" weiter und unterbreitet Vorschläge, wie die Senderspitze mit den Fällen umgehen soll. Es wird dringend angeraten, Einfluss auf die entsprechende Programmgruppe zu nehmen, damit solche Fälle in Zukunft ausbleiben. Drei Monate später reagiert die Senderspitze mit einer Ermahnung. Jedoch wird nicht etwa der Täter ermahnt, sondern der Tippgeber. Der WDR verbietet ihm, weiter von sexuellen Belästigungen in dieser Gruppe zu sprechen. Ja mehr noch: man droht ihm Arbeitsrechtliche Maßnahmen an. Der Sender behauptet, es habe überhaupt keine Fälle gegeben, in denen sich Frauen an die zuständigen Ansprechpartner gewandt hätten, um sexuelle Belästigungen anzuzeigen. Machtmissbrauch bedeutet hier, dass der Journalist nach Schilderungen

---

[42] Sämtliche Namen sind frei erfunden. Die Geschehnisse sind verbrieft und werden auf „correctiv.org" geschildert. „correctiv.org" ist nach eigener Lesart das erste gemeinnützige Recherchezentrum im deutschsprachigen Raum. Stand 15.04.2019

einer Betroffenen dafür sorgte, dass ihr Zeitvertrag nicht verlängert wurde, nachdem sie ihm nicht zu Diensten stand. Im Jahr 2010 erreichten den WDR die Schilderungen der Journalistin. Der WDR untersucht den Fall und sagt später, man habe das Geschehen nicht klären können. Ein Grund sei die gewünschte Anonymität der Frauen. Die Chefin des Personalrats informiert den Intendanten Tom Buhrow und den Programmdirektor Jörg Schönenborn. Doch diese hat den Eindruck, dass einfach nichts passiert und schickt eine E-Mail an die komplette Belegschaft, in der sie sich beschwert, dass im WDR der Kampf gegen sexuelle Belästigung nicht die nötige Aufmerksamkeit erfährt.

Dann dokumentieren der „Stern" und „Correctiv" im April 2018 weitere pikante Fälle und auch dieses Mal geht es um einen Mann in einer Führungsposition. Doch die Senderspitze verweigert eine Entschuldigung. Ich nenne ihn Markus. Bereits Ende 2016 wird eine Beschwerde über Markus an drei verschiedene, jeweils zuständige Stellen im WDR weitergeleitet. Dieses Schriftstück dokumentiert die Erfahrungen **mehrerer** Mitarbeiterinnen. Sie erzählen, dass sie „Sexuelle Diskriminierung" erfahren haben und die Arbeit sei sexuell aufgeladen gewesen. Sie bekräftigen ihre Vorwürfe mit einigen Zitaten des Mannes. Als er bei diesen Frauen „nicht landen kann" spinnt er Intrigen, um ihnen zu schaden. Schließlich landet die Beschwerde auf dem Schreibtisch der stellvertretenden Intendantin. Sie befragt den Mitarbeiter, der „natürlich" alles abstreitet. Wir treffen hier auf das gleiche Problem, dass nämlich die Opfer anonym bleiben möchten. Angst und auch Scham verhindern eine notwendige Auseinandersetzung, niemand traut sich den Namen Preis zu geben. Der äußere Schein muss unbedingt gewahrt bleiben. Tom Buhrow reagiert indem er den Betroffenen eine externe Beratung einer Anwaltskanzlei anbietet. Doch hier besteht ein Interessenkonflikt, da diese Kanzlei den Sender bei verschiedenen Angelegenheiten vertreten hat. So kommt es auch, dass der Personalrat von einer Beratung durch die Anwälte abrät. Demgegenüber fordert der Personalrat eine **lückenlose** Aufklärung der Vorfälle. Er weist darauf hin, dass die Kolleginnen und Kollegen die sich in irgendeiner Form kritisch zum Umgang des WDR mit dem Thema „sexuelle Belästigung" verbunden mit Machtmissbrauch geäußert haben, dürfen keinerlei Nachteile erleiden. In einem Strategie-Papier heißt es:

„Die kritische Auseinandersetzung mit Missständen gehört zum Kerngeschäft des WDR und ist maßgeblicher Bestandteil unserer Legitimation für die BeitragszahlerInnen. Nur wenn wir bereit sind, ebenso kritisch mit uns selbst umzugehen, bewahren wir unsere Glaubwürdigkeit. Deswegen muss dringend ein Klima geschaffen werden, in dem Kritik zur Unternehmenskultur gehört. Unserer Meinung nach brauchen wir dazu Hilfe von außen – zum Beispiel in Form eines Beirats."[43] Doch der Skandal zieht noch weitere Kreise. 70 NRW-Reporter übermitteln ihre Bedenken, dass dem WDR großer Schaden entstehe, wenn nicht endlich Transparenz herrscht. Sie bemühen sogar die Bibel: *„Wie sollen wir künftig über den Splitter im Auge des anderen berichten, wenn in unserem ein Balken steckt?"[44]*

Der Sender bittet die 75 Jahre alte ehemalige Gewerkschaftschefin und EU-Kommissarin Monika Wulf-Mathies als unabhängige Prüferin zu arbeiten. Auch sie macht in einer internen Sitzung klar, dass die Betroffenen Angst haben, nicht ernst genommen zu werden und berufliche Nachteile zu erleiden. Wulf-Mathies macht klar, dass sich das

---

[43] www.correctiv.org Stand 25.04.2019
[44] ebd.

Betriebsklima entscheidend ändern muss und die Intendanz sich an ihre Spitze stellen muss. Der „Fall WDR" beschreibt, wie innere Prozesse sich „eingeschliffen" haben. Ja, die Medien besitzen eine große Macht. Auf der anderen Seite können die Leser und Zuschauer auch einen hohen Druck in der Auseinandersetzung mit diesen Themen erzeugen. Jenseits der von Donald Trump bemühten „Fake-News" besteht eine große Verantwortung der Medien. Schließlich wurden schon ganz andere Existenzen zerstört – einige Male zu Unrecht.

Kapitel 19: Lothar Franz - Sexueller Missbrauch

Mir ist bewusst, dass ich dieses Thema hier nicht erschöpfend behandeln kann. Aber es spielt eine so bedeutende Rolle, dass ich es doch Schlaglichtartig beleuchten möchte. Sexueller Missbrauch ist Erniedrigung in Reinkultur. Er hinterlässt Narben, die nur schwer heilen. Oft bleiben sie ein Leben lang. In meiner Trauma-Beratung erlebe ich, welche schmerzhaften Wege gegangen werden müssen. Aber es gibt auch eine positive Nachricht: Die Opfer dürfen lernen, mit diesen Belastungen leben zu können. Ich wünsche mir Achtsamkeit, ja Empathie, die es Betroffenen möglich macht sich mitzuteilen. Dafür will ich streiten und dieses Buch soll auch ein Beitrag sein den Betroffenen ein Forum zu bieten. Die ermittelnden Behörden wie Polizei, Staatsanwaltschaft und Richter sollten zu regelmäßigen Fortbildungen und externer Supervision verpflichtet werden. Niemand, weder Mädchen/Frauen noch Jungen/Männer sollen in irgendeiner Weise benachteiligt werden, wenn sie sich öffnen Die Jugendämter müssen dringend personell verstärkt werden. Die „Fallzahlen" je Mitarbeiter sind nachhaltig zu reduzieren. Nur so haben die Mitarbeiterinnen und Mitarbeiter die Chance auch präventiv tätig zu sein. Die Skandale der letzten Wochen, speziell die Geschehnisse in Lügde zeigen wie hilflos die ermittelnden Behörden manchmal sind. Während ich diese Zeilen im April 2019 schreibe, tauchen immer noch Ermittlungspannen auf, die mich schier sprachlos machen. Deshalb ist auch die Frage der Prävention von sexueller Gewalt so wichtig und grundlegend.

Hessen hat hier in den letzten Jahren eine Vorreiterrolle übernommen. Im August des letzten Jahres fand in Kassel ein Fachkongress zum Thema „Schutz vor sexueller Gewalt" statt. In Vorträgen, Foren und Diskussionen wurde ein breites Fachpublikum über die Umsetzung des hessischen Aktionsplans informiert.[45] Schon seit dem Jahr 2012 hat sich die Hessische Landesregierung mit Präventions- und Interventionsstrukturen gegen sexuelle Missstände beschäftigt. Natürlich ist das Familiäre Umfeld hier an erster Stelle zu nennen. Aber auch öffentliche Einrichtungen – und hier eben besonders die Schulen haben ihren Beitrag zum Schutz vor sexuellem Missbrauch zu leisten. Die Landesregierung ist auch bereit, finanzielle Hilfen zur Verfügung zu stellen, damit die Städte und Gemeinden wohnortnahe Beratungen anbieten können. So werden im Jahr 2019 insgesamt über 2,2 Millionen Euro investiert. Der unabhängige Beauftragte für Fragen des sexuellen Kindesmissbrauchs, Johannes-Wilhelm Rörig sagte auf dem Kongress:

„Es freut mich sehr, dass Hessen heute in einem öffentlichen Diskurs mit Fachöffentlichkeit, Politik und Betroffenen die Umsetzung seines Landesaktionsplans gegen sexuelle Gewalt an Kindern und Jugendlichen diskutiert. Bereits seit Jahren engagiert sich Hessen in besonderer Weise beim Kinderschutz. Es muss unser Ziel sein, dass in Hessen, in allen anderen Ländern und auf Bundesebene alle Handlungsoptionen ausgeschöpft und

---

[45] https://kultusministerium.hessen.de/pressearchiv/pressemitteilung/schutz-vor-sexueller-gewalt Stand 26.04.2019

dauerhaft mehr in Prävention und Hilfen investiert wird. Nur so können wir Kinder und Jugendliche in Deutschland besser vor sexueller Gewalt und oft schwerwiegenden Folgen schützen und einen Rückgang der dramatisch hohen Fallzahlen erreichen.[46]

Welche Rechte haben Kinder?[47]

1. Verlasse Dich auf Dein Gefühl! Ich sage des Öfteren zu meinen Klienten: „Alle Gefühle sind wahr und richtig." Deshalb: Wenn Du ein komisches Gefühl hast, wenn Du Dich einfach nicht wohlfühlst, dann vertraue diesem Gefühl. Du hast ein Recht, Dich wohlzufühlen.

2. Alle Kinder haben die gleichen Rechte! Egal ob Du ein Mädchen oder ein Junge bist und woher Du kommst, Du hast die gleichen Rechte, wie alle anderen Kinder. Du bist einzigartig und wertvoll. Niemanden gibt es, der so ist wie Du. Du warst schon geliebt als Du noch im Bauch Deiner Mama warst.

3. Es ist richtig, wenn Du Dir Hilfe holst. Manchmal mag es Situationen in Deinem Leben geben, wo Du merkst, dass Du nicht allein klarkommst. Dann ist es an der Zeit Dir Hilfe zu holen. Das kann ein Freund, eine Freundin oder einfach ein Mensch dem Du vertraust sein. Vielleicht hast Du das Gefühl, dass Du Schuld hast an dem was Dir passiert ist. Dann lass Dir sagen: „Das stimmt nicht, nein Du hast keine Schuld!"

4. **Niemand hat das Recht, Dir weh zu tun.** Und wenn ich sage, **niemand**, dann meine ich das sehr ernst. Du hast das Recht, dass Dein Körper mit Respekt behandelt wird.

5. Du hast das Recht „Nein" zu sagen. Hier entsteht die **„toxische Scham".** Wenn ich mit meinen Klienten am „inneren Kind" arbeite, taucht dieses Problem auf. Diese Scham verhindert, dass Menschen frei entscheiden dürfen. Als Kind hast Du nicht das Recht zwischen mehreren Wegen zu entscheiden? Du wirst gezwungen Dinge zu tun die Du eigentlich nicht tun willst? Dann kann diese Scham entstehen. Ich erinnere mich, dass ich von meiner Mutter gezwungen wurde Klavier zu spielen, wenn wir Besuch hatten. Und weißt Du: Ich habe mich quasi „in Grund und Boden geschämt." Wenn ich „Nein" gesagt hätte, wäre meine Mutter Tagelang sauer gewesen. Sie verfügte über Mittel und Wege, wie sie mich schmerzhaft bestrafen konnte, so dass ich ein „schlechtes Gewissen" hatte.

---

[46] ebd.

[47] https://www.trau-dich.de/deine-rechte Letztmals aufgerufen am 26.04.2019

6. Du hast das Recht, zwischen angenehmen und unangenehmen Berührungen zu unterscheiden. Du entscheidest, wenn Du die Hand zur Begrüßung reichst.

7. Du darfst schlechte Geheimnisse anderen sagen. Ich kann mich noch erinnern, dass ich als Kind auch Geheimnisse hatte. Ich teilte sie mit meinen Freunden, aber meine Eltern erfuhren nicht davon. Wenn Du jedoch Geheimnisse hast, die Dir Sorgen oder Angst machen, dann darfst Du sie auf jeden Fall weitersagen. Suche Dir eine Person Deines Vertrauens und öffne Dich.

8. Wenn Du nicht weißt, an wen Du Dich wenden kannst gibt es eine tolle Möglichkeit: Wähle einfach die Nummer **gegen** Kummer, das Kinder- und Jugendtelefon mit der Nummer 116117. Hier kannst Du Deine Nöte loswerden. Sie ist gratis und Du musst auch nicht Deinen Namen nennen, wenn Du das nicht möchtest. Auf der Homepage; www.trau-dich.de erfährst Du auch, wie Du eine E-Mail schreiben kannst, wenn Dir das lieber ist. Natürlich kannst Du Dich auch gerne an mich wenden. Du erreichst mich unter: mail-an-meilenstein@web.de.

Kapitel 20: Lothar Franz - USA: Folter durch sexuelle Erniedrigung

Es stellt sich eine ethisch sehr bedeutsame Frage: Welche Rechte haben eigentlich Verbrecher? Hat nicht ein Kinderschänder sein Recht auf Leben verwirkt? Am liebsten würden wir ihn am Kirchturm aufhängen. Andere globale Verbrechen wie die Vernichtung der Juden im 2. Weltkrieg, oder die Terror-Opfer vom 11. September 2001 übersteigen unseren Verstand. Mich beschäftigt die Frage, wie Menschen anderen Menschen solche grausamen Dinge antun können. Das Schreckliche daran ist, dass auch Du und ich, dass letzten Endes **alle** Menschen in der Lage sind, diese Verbrechen auszuüben. Bei den Anschlägen vom 11. September kamen allein in New York 2753 Menschen ums Leben. Von fast 40 Prozent der Toten fehlt bis heute jede Spur.[48] Eine neue Technik bei der DANN-Analyse öffnet nun einen neuen Horizont. Viele der Betroffenen verbrannten, oder lösten sich quasi in Luft auf. Lediglich knapp 60 Prozent der Toten konnten bisher durch Knochen- oder Hautresten identifiziert werden. Was danach passierte, wurde unter dem Titel: „Krieg gegen den Terrorismus" bekannt. Doch ich bin davon überzeugt, dass Gewalt **immer** Gewalt hervorruft. Die Spirale der Gewalt dreht sich immer schneller und schneller. Und die allermeisten Amerikaner waren und sind damit einverstanden. Dieses Phänomen finden wir auch seit Jahrzehnten in dem Konflikt zwischen Israel und Palästina. Egal wer auch anfängt, es führt geradezu magisch dazu, dass die andere Seite mit Gewalt reagiert. Die USA entschied sich nach den Anschlägen durch Islamistische Terroristen ein Gefangenenlager zu errichten. Dies geschah dann in Guantanamo. Es gehört zur Guantanamo Bay Base, einem Marinestützpunkt der US Navy in der Guantanamo-Bucht auf Kuba. Der damalige Präsident George W. Bush wählte diesen Ort, weil er behaupten konnte, dort gelte das amerikanische Rechtssystem nicht. Er tat dies mit voller Absicht, weil die USA die Gefangenen dort als „Freiwild" behandeln konnten; als rechtlose Gesellen. Sie hatten das Menschenrecht verwirkt. So werden sexuelle Erniedrigungen als Waffe der Mächtigen missbraucht. Man klebt Nacktfotos auf die Körper von Gefangenen, sie müssen mit Büstenhaltern antreten und man droht ihnen, dass ihre Mütter vergewaltigt werden. Es kommt zum vermutlich größten medizinischen Skandal der USA: Es werden die größtmöglichen Schläuche in den Anus der Gefangenen eingeführt. Ein Betroffener musste operiert werden, weil ihm nach jahrelangen Misshandlungen der After aufgebrochen war.[49]

Nordkorea ist heute eines der brutalsten Regime in der ganzen Welt. Zwei vom Geheimdienst CIA berufenen Psychologen haben keine Ahnung, wie man Gefangene verhört. Deshalb lehnen sie sich in ihren Maßnahmen an ein militärisches Trainingsprogramm aus Nordkorea an. Das Ziel ist klar: Man will alles tun, um die Gefangenen „zu brechen". Die Verhöre dauern über 20 Stunden an, man sperrt einen

---

[48] https://www.welt.de/vermischtes/article167512715/Terror-Opfer-16-Jahre-nach-9-11-identifiziert.html# veröffentlicht am 09.08.2017

[49] https://correctiv.org/aktuelle/2017/01/19/usa-folter-durch-sexuelle-erniedrigung Stand 28.04.2019

Verdächtigen nackt in einen Sarg ein, er wird 24 Mal bis zur Bewusstlosigkeit unter Wasser gedrückt – dem sogenannten „Waterboarding". Einem der Gefangenen, ein 22 Jahre alter Saudi mit Namen Mohammed Al Qahtani ergeht es besonders schlimm, er wird 49 Tage lang jeden Tag 20 Stunden verhört. Weder Condoleeza Rice, die Sicherheitsberaterin, noch Außenminister Colin Powell der auch im Irak-Krieg eine unrühmliche Rolle spielen sollte, erheben Einspruch. Damit hatte die Regierung die Erniedrigung von Gefangenen akzeptiert.

Doch es bleibt nicht bei Guantanamo: Im April 2004 machen Fotos aus dem irakischen Gefängnis Abu Ghraib die Runde. Nackte Gefangene werden auf einem Stapel abgelegt und müssen vor amerikanischen Soldaten masturbieren. Soldatinnen halten sie unbekleidet an einer Hundeleine und zeigen sich, während sie mit ihrem Fuß auf sie treten. Der damalige Verteidigungsminister Rumsfeld spricht von „Einzelfällen".

Nachwort: Barack Obama war angetreten mit dem Versprechen, das Lager Guantanamo zu schließen. An seinem ersten Amtstag im Januar 2009 ordnete er die Schließung des Lagers innerhalb eines Jahres an. Doch nachdem in den Jahren 2009 und 2010 weitere Anschläge versucht wurden, hatten die Abgeordneten der Demokraten Angst vor den Wählern und verweigerten ihm die Gefolgschaft. So blieb die Schließung ein „frommer Wunsch".

Wir schreiben das Jahr 1945: Das „dritte Reich" liegt in Staub und Asche. Der Rassenwahn hatte den „2. Weltkrieg" hervorgebracht. Bilder von Ruinen in Berlin zeigen, dass nicht mehr viel übriggeblieben ist. Die „Wehrmacht" ist dezimiert, Millionen von Menschen sind im Bombenhagel vor die Hunde gegangen. Zwangsprostitution in nationalsozialistischen Lagerbordellen und in Armeebordellen der deutschen „Wehrmacht" sowie Massenvergewaltigungen waren an der Tagesordnung. Lediglich in Einzelfällen wurden sie geahndet. Wenn sie an „Untermenschen" wie Juden, Sinti und Roma stattfanden, gingen die Offiziere einfach darüber hinweg. Im „Vernichtungskrieg" wurde die Demütigung der gegnerischen Bevölkerung als Waffe eingesetzt. Verlässliche Zahlen gibt es bis zum heutigen Tag nach wie vor nicht, die Dunkelziffer ist wohl Riesengross.

Szenenwechsel: Ich kenne eine ältere Frau, die nach der Kapitulation von sowjetischen Soldaten vergewaltigt wurde. Sie hatte nicht so viel „Glück" wie andere Frauen, weil sie schwanger wurde. So brachte sie ein Mädchen zur Welt. Doch eine Auseinandersetzung mit dieser Tat, vor allem Gespräche mit ihrer Tochter fehlen bis heute. Sie verschweigt die Tat, es herrscht eine diffuse Stimmung zwischen Trauer und Wut. Das Verhältnis der beiden ist getrübt, die Tochter besucht nicht gerne ihre Mutter. So wirken Traumatische Erlebnisse bis heute, ja sogar über mehrere Generationen hinweg. Die psychischen Folgen sind kaum abzusehen. Immer wieder werden die Opfer, aber auch die Täter in einen Strudel von Erinnerungsfetzen getrieben. Hilflos fühlen sie sich gegenüber der Macht von Ereignissen, die sie nicht verstehen können.

Kapitel 21: Lothar Franz - Französische Soldaten werden beschuldigt junge Frauen missbraucht zu haben[50]

Wir befinden uns in Boda, einem kleinen Ort in der Zentralafrikanischen Republik. Elie, ein kleiner Junge im Alter von anderthalb ist ein normaler Junge. Ein normaler Junge? Nun, er spielt und macht Unsinn wie andere Kinder auch in diesem Alter. Und trotzdem ist er nicht so ganz „normal". Zumindest nicht, wenn man seine Hautfarbe anschaut. Denn Elie hat helle Haut und deshalb nennen ihn die Nachbarn, „den Franzosen". Wie kann das sein? Die UNO startet ein Mandat, um den Konflikt zwischen christlichen Anti-Balaka und muslimischen Seleka-Milizen zu beenden. Deshalb kommen im Februar 2014 französische Truppen nach Boda. Erst Jahre später ist das französische Verteidigungsministerium bereit zuzugeben, dass es während des Einsatzes Vergewaltigungen und sexuellen Missbrauch gegeben hat. In Boda ist es quasi normal, dass die Kinder einer Arbeit nachgehen, um mitzuhelfen die Familie zu ernähren. Eine von ihnen ist Noella Pazouku, die gegenüber der französischen Streitkräfte Tomaten verkauft. Ein Soldat lädt sie ein, doch in ein Haus in seinem Camp zu kommen. Die beiden haben Sex – für Noella ist es das erste Mal. Es kommt noch einmal zum Geschlechtsverkehr. Schließlich räumen die Truppen das Feld und Noella hört nie mehr etwas von dem Soldaten. Französische Ermittler gehen später davon aus, dass Noella zur Tatzeit 17 Jahre alt war. Nach kriegerischen Auseinandersetzungen im Oktober 2014 flieht sie mit ihrer Mutter und ihren sieben Geschwistern. Als ihre Tochter plötzlich bemerkt, dass sie schwanger ist, beichtet sie ihr was geschehen ist. Doch ihre Mutter glaubt ihr nicht, dass sie von einem Soldaten schwanger ist – bis sie einem Neugeborenen Kind mit weißer Hautfarbe das Leben schenkt. Doch damit ist für ihre Mutter diese Geschichte noch lange nicht zu Ende. Sie erhebt Anzeige, doch die Ermittlungen verlaufen äußerst schleppend. Monate vergehen und schließlich kann Noella den Täter nicht mehr eindeutig identifizieren. Es folgen weitere Anzeigen der Betroffenen wegen Vergewaltigung und sexueller Belästigung. „Ärzte ohne Grenzen" berichten, französische Soldaten hätten zwei Schwestern von sieben und neun Jahren, sowie ein dreizehnjähriges Mädchen vergewaltigt. Doch als der UNO-Abschlussbericht am 6. Dezember erscheint, fehlen Passagen über mögliche französische Täter. Die Begründung mutet abenteuerlich an: Die Kommission behauptet, sie habe „zu wenig Ressourcen" gehabt, um eingehend zu ermitteln. Dabei gab es durchaus viele Gründe, dies zu tun. Die Bevölkerung hungert und prostituiert sich, um wenigstens so ihre Familie über Wasser zu halten. Im nahe gelegenen Flüchtlingscamp weiß sich eine Mutter nicht anders zu helfen und bietet ihre Tochter mehreren Soldaten für sexuelle Dienste an. Die Abschlussberichte sind ein Zeugnis von Vertuschungen, das Militär ermittelt gegen die eigenen Soldaten. Unabhängige Untersuchungen gibt es offenbar nicht.

---

[50] https://correctiv.org/artikel-aktuelles/2017/01/10/franzoesische-soldaten-sollen-junge-frauen-missbraucht-haben Stand 07.05.2019

Kapitel 22: Lothar Franz - Die Vergewaltigungen von Kindern im syrischen Bürgerkrieg

Es kann **niemals** gerechte Kriege geben. Kriege sind **immer** Machtmissbrauch. Im Laufe der Jahrhunderte hat es wahrscheinlich Abertausende von Kriegen gegeben. Die Opfer können nicht gezählt werden. Dietrich Bonhoeffer (*04.02.1906 + 09.04. 1945) hat sich in seinen Büchern (Nachfolge; Widerstand und Ergebung) sehr ausführlich mit der Frage beschäftigt, ob ein Mord an einem Menschen in einer absoluten Notsituation möglich, ja sogar geboten ist. Er gehörte der „Bekennenden Kirche" an und entschied sich damit, den aktiven Widerstand gegen Adolf Hitler und das „Dritte Reich" zu unterstützen. Er meinte, es gäbe sozusagen eine übergeordnete Verantwortung, durch die Tötung des Tyrannen schlimmeres zu vermeiden. Man muss dazu wissen, dass sich die große Mehrheit der Theologen zur Gleichgeschalteten Kirche der „Deutschen Christen" hielt. Bonhoeffers Entscheidung, die Bewegung des aktiven Widerstandes zu unterstützen, ist eine Entscheidung des Gewissens. Ein „Freibrief" ist sie sicherlich nicht und kann es niemals werden. Trotzdem bleibt für uns die Frage unserer Entscheidungen des Gewissens. Eine Entscheidung unter der Prämisse einer wie auch immer gearteten „Höheren Macht". Eine grundlegende Frage des Humanismus.

Demgegenüber stand bereits der 1. Weltkrieg, der 4 Jahre, 3 Monate und 11 Tage dauerte.[51] Wirklich verlässliche Opfer-Zahlen gibt es wohl nicht. Schätzungen belaufen sich auf etwa 17 Millionen Menschen, die in diesem Krieg ihr Leben verloren haben.[52] Doch schon damals traten psychische Wunden auf. Die Soldaten mussten manchmal über mehrere Tage in versumpften Unterständen ausharren. Hier mussten sie zwischen Toten und Ratten unter tagelangem Trommelfeuer ihr Dasein fristen. Das was wir heute unter einer „Posttraumatischen Belastungsstörung" verstehen, trat damals in unterschiedlichen Ausprägungen auf. Man nannte diese Soldaten „Kriegszitterer" oder „Kriegsneurotiker". Die Ärzte verschreiben Morphium und Chloralhydrat – ein Schlafmittel.

Ganz andere Dimensionen finden wir bei den Opfern des zweiten Weltkrieges: Hier geht man von mindestens 55 Millionen Menschen aus, die ihr Leben verloren haben.

Der syrische Bürgerkrieg steht seit 2011 auf der Tagesordnung der internationalen Medien. Die Flüchtlingskrise hat hier einen nicht unerheblichen Ursprung- Er ist aber auch durch den Einsatz Russlands und der USA zu einem Stellvertreterkrieg mutiert. Die Vergewaltigungen von Mädchen und Jungen wird als Kriegswaffe eingesetzt. Einzelne Zellen sind mit 45 Frauen und Mädchen überfüllt. Besonders jungen Mädchen werden Hormone verabreicht, um die Pubertät auszulösen. Weder die Regierungstruppen von Assad noch der sogenannte „Islamische Staat" (IS) halten sich an internationale

---

[51] https://www.welt.de/geschichte/article183581324/Wie-viele-Tote-Die-blutige-Bilanz-des-Ersten-Weltkriegs.html# Stand 08.05.2019

[52] https://de.wikipedia.org/wiki/Erster_Weltkrieg Stand 08.05.2019

Gepflogenheiten. Minderjährige Häftlinge werden einfach mit Erwachsenen in den Gefängnissen gemischt. Nun gibt es kein Limit mehr. Ganze Familien werden festgenommen und es verbreitet sich eine große Angst, die sexuelle Gewalt verbreitet sich wie ein Feuer in einem trockenen Wald. Wie wird ein Syrien nach dem Krieg sein? Welche Werte werden die zukünftige Gesellschaft prägen? Fragen, die bohren, die zeigen welche weitreichenden Folgen Gewalt hat. Ich wünsche den Syrern, dass sie eines Tages in ihr Land zurückkehren können und hoffe, dass die Diskussionen über Flüchtlinge endlich berücksichtigen, welches Leid die Bevölkerung aushalten muss.

Kapitel 23: Lothar Franz - Machtmissbrauch an Männern und Frauen in den Kriegen

Im Laufe der Jahrhunderte gab es eine unvorstellbar große Anzahl an Kriegen. Sowohl Männer als auch Frauen waren Opfer, aber auch Täter. Die Maschinerie des Nationalsozialismus während des 2. Weltkriegs produzierte ein Ausmaß an Leid, dass ich es einfach nicht begreifen kann. Interessant ist in diesem Zusammenhang sicher, dass es keine Frau in einer führenden Position der Nazis gab. Hitler hatte etwas gegen „politische Weiber". Man sah die Rolle der Frau zunächst nur in ihrem Mutter-Sein. Sie sollte Kindern mit „reinem Blut" das Leben schenken. Finanziell lockten die Nazis mit dem Mutterschafts- und Kindergeld und im Jahr 1934 führten sie den Muttertag ein. Hitler blieb auch weiterhin bei der Glorifizierung der Mutter. Im Laufe des Krieges wuchs die Produktion der „Kriegsrelevanten Güter" exorbitant an. Deshalb wurden Zwangsarbeiterinnen aus vielen Ländern in die entsprechenden Firmen gekarrt, um unter unmenschlichen Bedingungen Nachschub für die Truppen zu produzieren. Je länger der Krieg dauerte war auch der Aufbau von Konzentrationslagern (KZ) auf der Agenda. In den Vernichtungslagern wurden Frauen und Männer gequält, misshandelt und getötet.

Ganze Familien wurden ausradiert, so auch die Familie von Corrie Ten Boom, eine niederländische Christin, die viele Juden rettete, war im KZ Ravensbrück inhaftiert. Dieses Lager war ausschließlich für weibliche Inhaftierte. Sie erzählt:

„Was mich hier am allermeisten erschreckt, das sind die grauenerregenden Geräusche, die man hört: das Schreien der Geschlagenen, das Geräusch der schwingenden Riemen, das Kreischen und heisere Schreien und Schnauzen der bösen Menschen. Alles das macht Ravensbrück zur Hölle.[53]

Kennzeichen dieser Hölle war es, dass hier auch Frauen von der SS als Gehilfinnen requiriert wurden und ihren Dienst verrichteten. Wenn ich Berichte aus diesen Lagern lese, oder Dokumentationen ansehe, beschleicht mich manchmal das Gefühl, dass Menschen doch niemals so böse und gemein sein können. Ich kann dieses Leid in seiner Tragweite nicht erfassen, es scheint so, als ob mein Gehirn einfach „dicht macht". Da ist es gut, wenn wir persönlichen Schicksalen noch einmal eine Stimme geben. Eine ehemalige Inhaftierte erinnert sich:

„Jedes Kommando hat eine Aufseherin gehabt. Die Irma Grese habe ich im Kräuter-Kommando kennengelernt. Da haben wir Brennnesseln gepflückt, und die haben geblutet. Denn wir haben keine Handschuhe bekommen. Sie hat uns so hohe Körbe gegeben und mit ihrem Stiefel in den Korb hineingetreten. Für Körbe, die nicht voll waren, gab es Ohrfeigen links und rechts. Die Irma Grese war bildhübsch. Und sie war außergewöhnlich schlecht."

---

[53] https://de.wikipedia.org/wiki/KZ_Ravensbrück Stand 20.05.2019

Irmgard Konrad erzählt, warum die sogenannten „Wach-Frauen" so grausam waren: „*Sehen Sie, ich habe zum Beispiel beobachtet, junge Aufseher, sie sahen gut aus, sie sahen nett aus, sie hatten gute Gesichter, sie waren gut angezogen und man spürte, sie kommen bestimmt aus einer gutbürgerlichen Familie. Und doch haben sie Häftlinge mit einer Grausamkeit behandelt, die man absolut nicht schildern kann. Es machte ihnen einfach Freude, es machte ihnen Spaß, Menschen zu töten, Menschen zu quälen. Wie konnten Menschen so werden?*"[54]

Dies alles scheint uns heute ganz weit weg. Vergangenheit, abgeschlossen und Schluss! Und doch: Seit Ende des Zweiten Weltkriegs im Jahr 1945 hat es unzähliges Unrecht gegeben, bis in unsere Zeit.

[54] ebd.

Kapitel 24: Lothar Franz - Machtmissbrauch in Kirchen und Gemeinden

Karl Marx hat einmal gesagt, Religion sei „Das Opium des Volkes". Er meinte damit, Gesellschaftliche Veränderungen würden ad Absurdum geführt, solange die Menschen sich mit Hilfe der Religion quasi „einschläfern" ließen. Damit spitzt er zu, dass Religion die Vertröstung auf eine jenseitige Welt postuliert. Wladimir Iljitsch Lenin interpretierte das Zitat von Marx unter anderem so:

„Diejenigen, die von fremder Arbeit leben, lehrt die Religion Wohltätigkeit hienieden, womit sie ihnen eine recht billige Rechtfertigung ihres ganzen Ausbeuterdaseins anbietet und Eintrittskarten für die himmlische Seligkeit zu erschwinglichen Preisen verkauft. Die Religion ist das Opium des Volks. Die Religion ist eine Art geistigen Fusels, in dem die Sklaven des Kapitals ihr Menschenantlitz und ihre Ansprüche auf ein halbwegs menschenwürdiges Leben ersäufen." [55]

Hast Du mal ein Essen probiert das überhaupt nicht, oder zu viel gesalzen war? Dann weißt Du, dass dies kein Genuss ist. Erst wenn das Essen die richtige Würze hat, schmeckt es wirklich gut. Jesus hat einmal gesagt, die Christen sollten Salz und Licht dieser Welt sein. Das bedeutet eben nicht auf eine jenseitige Welt vertröstet zu werden. Im Gegenteil: Christen sollten sich einmischen, gerade auch bei ethischen Fragen in Politik und Gesellschaft. Im Laufe der Jahrhunderte hat es immer wieder Religionskriege gegeben. Viele wurden fromm verbrämt. Egal ob auf der Koppel der „Wehrmacht" im 2. Weltkrieg die Worte: „Gott mit uns" geschrieben war, oder Palästinenser und Juden um die Vorherrschaft kämpfen. Jesus hat das einmal ganz anders gemeint. Er spricht davon, dass das Merkmal der Gläubigen die Liebe ist. Und wahre Liebe vertreibt die Angst. Wenn jedoch das Streben nach Macht die Oberhand gewinnt, gehen auch Christen in leitenden Positionen über Leichen. Pfarrer, Pastoren, Priester, Kirchenvorstände und Leitungsgremien in Freikirchen taktieren ihre „Schäfchen" und hinterlassen verbrannte Erde. Jesus hat seinen Jüngern die Füße gewaschen. Dies war zu der damaligen Zeit eigentlich undenkbar. Jesus verschiebt damit die Macht hin zum Dienen. Wenn die Liebe regiert tritt unser „Ich" zurück und wird zum „Du". Der Maßstab aller Religionen ist also **immer** die Liebe und ohne die Liebe ist alles nichts.

Was verstehe ich unter religiösem Missbrauch? Eine allgemein gültige Interpretation gibt es wohl nicht. Aber im christlichen Kontext möchte ich doch folgende Merkmale nennen:

1.   Wenn Christen meinen, nur ihr Weg und ihre Auslegung der Bibel sei richtig. Eine Widerrede ist nicht erlaubt.

2.   Tiefe Verletzungen werden von Leitungsgremien geduldet oder sogar gefördert. Bei religiösem Missbrauch werden vermeintlich geistliche Themen im Namen Gottes gegen Christen benutzt.

3.   Martina Kessler, die eine Clearing-Stelle für christlichen Machtmissbrauch in der Deutschen Evangelischen Allianz (DEA) leitet, postuliert folgende Merkmale:[56] *Machtmissbrauch liegt dann vor, wenn eine Person von einer anderen, auch subtil, zu etwas überredet oder genötigt wird, was sie von sich aus nicht tun würde, und der Initiator davon einen Vorteil hat. Dabei wird die Grenze der Persönlichkeit überschritten, was häufig gravierende emotionale und körperliche Folgen hat. Geschieht Machtmissbrauch im christlichen Kontext, ist möglicherweise auch der Glaube betroffen."*

4.   Leitungskreis und Pastor stigmatisieren einzelne Gemeindeglieder. Die Macht wird gnadenlos ausgenutzt, eine Gemeinde gibt sich offen, duldet jedoch keinen echten Widerspruch.

5.   Bei „sittlichen Vergehen" werden bisher treue Gemeindemitglieder aus der Gemeinschaft entfernt. Folgen sie dieser Aufforderung nicht, dürfen in sehr strengen Freikirchen die Familienangehörigen keinen Kontakt mehr mit diesen aufnehmen. Der Leiter setzt seine ethischen Maßstäbe als Grundlage seines Handelns. Dabei verdecken sie eigenes Fehlverhalten und pendeln zwischen Minderwertigkeits- und Allmachts-Gefühlen hin und her.

6.   Wenn Leiter übergriffig sind, kann man von einer Traumatisierung der Betroffenen sprechen. Dies hat dann Folgen für das Opfer, die auch langfristig Spuren hinterlassen. Massives Burn-out, Depressionen bis hin zu Suizidalen Handlungen sind denkbar. Eine Frau hat durch den Machtmissbrauch fast alles verloren: Arbeitsstelle, Wohnung und ihr Lebensumfeld.

7.   Die Leitungsgremien stillen insgeheim ihr eigenes Bedürfnis nach Anerkennung, Macht und Rechthaberei.

8.   Die Leiter behaupten, ihre Sicht der Dinge sei von Gott gegeben. Sie erklären, Gott habe zu ihnen gesprochen, ohne dass dies objektiv nachprüfbar ist. Die Betroffenen fühlen sich klein, unfähig und schuldig.

---

[56] https://www.pro-medienmagazin.de/gesellschaft/kirche/2017/05/18/raus-aus-der-tabuzonde/ Artikel vom 18.05.2017 Die Deutsche Evangelische Allianz ist ein „Gegenentwurf" von Christen aus Freikirchen und Evangelischen Kirchen, die meist auf örtlicher Basis zusammenarbeiten. Sie positioniert sich bewusst gegen die Ökumene und spaltet damit die Christen.

9. Der Wunsch nach Anerkennung führt zu einer ungesunden Abhängigkeit. Den Mitarbeitern geht es gut, solange sie diese Anerkennung erfahren. Sie kämpfen um ein kleines Stück des Kuchens und sind traurig, wenn die Anerkennung ausbleibt. Doch auch wenn sie diese bekommen, dreht sich das Rad weiterer Anerkennungen immer schneller.

10. In meine Beratung kommen immer mehr Christen deren Selbstbewusstsein gelitten hat. Obwohl Gott seine Vergebung ohne eigene Leistung zugesagt hat,[57] können sich diese Christen nicht selbst vergeben. Damit zementieren sie ihre Opferrolle.

11. Einzelne Bibelstellen werden aus dem Zusammenhang gerissen und gnadenlos gegen die Mitglieder verwendet. Das Evangelium der Liebe und Vergebung wird verfälscht. Doch Gott ist nicht der Gott, den ich mir verinnerlicht habe. Sein Name ist Liebe und Erbarmen und jenseits jeglicher Pflichterfüllung. Im Glauben geht es um Beziehung und nicht um moralische Läuterung.

Vor allem in immer noch zu vielen Freikirchen ist die „Frauenfrage" abenteuerlich. Der Bund Freier Evangelischer Gemeinden (FEG) hat erst im Jahr 2010 die Ordinierung von Pastorinnen beschlossen, nachdem der erste Antrag in 2008 noch an der fehlenden Zweidrittel-Mehrheit scheiterte. Solange Gemeinden durch männlich geprägte Strukturen bestimmt werden, ist eine Änderung nicht in Sicht. Das erleben wir ja auch in der Katholischen Kirche.

---

[57] Die Bibel nennt dies Gnade

Kapitel 25: Lothar Franz - Machtmissbrauch in der Katholischen Kirche

Dieses Thema bestimmt in den letzten Monaten die Schlagzeilen in den verschiedensten Medien. Es zeigt, welche Katastrophalen Folgen sich ergeben, wenn eine Kirche quasi ausschließlich durch Männer dominiert wird. Doch die Ursachen liegen noch tiefer: In der Katholischen Kirche gab es in der Vergangenheit eine mangelhafte Fehlerkultur. Dies impliziert auch die Frage, wie Offenheit für eine mögliche Kultur des Scheiterns entstehen kann. Es wurden (auch) Ideologische Mauern des Schweigens geschaffen. Papst Franziskus reagiert und versammelt alle Bischöfe in Rom. Doch die Kritischen Töne bleiben. Schließlich führt der Papst eine Meldepflicht ein, wenn irgendwo sexueller Missbrauch im Kontext der katholischen Kirche bekannt wird.[58]

Bisher hatte die katholische Kirche abstruse Erklärungen für den sexuellen Missbrauch parat. Der Deutsche Ex-Papst Benedikt XVI. hatte die 68er Generation für den Missbrauch verantwortlich gemacht. Dann ist da der deutsche Kardinal Walter Brandmüller. Er nennt den Missbrauchsskandal in der Kirche „heuchlerisch".[59] Er führt weiter aus:

„Nicht weniger wirklichkeitsfremd ist es, zu vergessen beziehungsweise zu verschweigen, dass 80 Prozent der Missbrauchsfälle im kirchlichen Umfeld männliche Jugendliche, nicht Kinder, betrafen." Das ist eigentlich schon skandalös genug. Doch Brandmüller reichen diese Aussagen noch nicht. Er behauptet es sei „statistisch erwiesen", dass es einen Zusammenhang zwischen Missbrauch und Homosexualität geben würde."

Die Deutsche Bischofskonferenz reagiert ebenfalls und setzt den Trierer Bischof Stephan Ackermann als Missbrauchsbeauftragten ein. Doch so bleiben die Taten im kirchlichen Umfeld behaftet. Eine objektive Klärung kann nur dann erfolgen, wenn die angezeigten Taten durch die Staatsanwaltschaften aufgeklärt werden. Meine umfangreichen Recherchen zeigen, dass je strenger eine nach außen dargestellte Einstellung ist, desto größer ist die Gefahr selbst schuldig zu werden. Dies zeigt sich in einem Fall, der hohe Wellen geschlagen hat. Denn in diesem Fall geht es nicht um einen Bischof oder Priester, sondern um den australischen Kurienkardinal George Pell. Zuerst war er Erzbischof von Melbourne und Sydney, dann steigt er zur Nummer 3 der weltweiten Katholischen Kirche auf. Damit bewegt er sich im Dunstkreis von Papst Franziskus, der doch Besserung gelobt hatte. Der Papst äußerte sich unter anderem wie folgt:

„Das ist, wie wenn man eine schwarze Messe feiert. Ein Priester, der das tut, ist Verräter am Leib des Herrn. Weil dieser Priester, dieses Kind, das kleine Mädchen, den Buben zur

---

[58] https://www.morgenpost.de/vermischtes/article217137707/Dauerthema-Missbrauch-Papst-fuehrt-Meldepflicht-ein.html Stand 13.05.2019

[59] https://www.morgenpost.de/politik/article216138153/Kardinal-Empoerung-ueber-Missbrauchsskandal-ist-Heuchelei.html Stand 14.05.2019

Heiligkeit führen soll. Dieser Bub, dieses Mädchen haben Vertrauen. Und dieser, anstatt sie
zur Heiligkeit zu leiten, missbraucht er sie. Und das ist sehr schlimm".[60]

Kardinal Pell wird beschuldigt, sich vor Jahrzehnten an kleinen Jungen vergangen zu
haben. Doch der weltlichen Gerichtsbarkeit entgeht Pell nicht. In einem dramatischen
und aufsehenerregendsten Prozess, den Australien jemals erlebt hat, wird George Pell in
Melbourne wegen Kindesmissbrauch zu 6 Jahren Gefängnis verurteilt.[61] Die
konservative Presse des Landes schäumt und behauptet, Pell sei durch Vorurteile und
nicht auf Grund von Fakten verurteilt worden. Ins Bild passt, dass Pell sich in der
Vergangenheit nicht nur als Kämpfer gegen Homosexuelle, sondern auch als Leugner des
Klimawandels hervorgetan hat. Das war für Papst Franziskus dann doch zu viel und er
warf Pell aus der Gruppe der päpstlichen Klimaberater.

Ratzinger dieser Name hat in der katholischen Kirche einen guten Klang. Als Ratzinger
als Benedikt XVI. zum Papst gewählt wird, jubelt die Presse. Auf Zeitungen und
Zeitschriften prangt in riesigen Buchstaben die Überschrift: **WIR SIND PAPST!**
Es scheint fast so, als ob ein ganzes Land in Aufruhr geraten ist.

Szenenwechsel: Georg Ratzinger, der Bruder von Papst Benedikt XVI. war von 1964 bis
1994 Domkapellmeister und in dieser Funktion Dirigent der weltberühmten
„Regensburger Domspatzen". Mehr als 400 Betroffene von sexuellem Missbrauch und
körperlicher Gewalt meldeten sich beim Opferanwalt Ulrich Weber, um über ihre
körperlichen und seelischen Wunden vielleicht zum ersten Mal zu sprechen. Und wieder
funktioniert das System bestens. Denn als im Jahr 2010 die ersten Opfer die Bühne der
Öffentlichkeit betreten, weist der damalige Bischof von Regensburg Gerhard Ludwig
Müller die Vorwürfe scharf zurück. Er bezichtigt die amtierende Justizministerin Sabine
Leutheusser-Schnarrenberger der Lüge.[62]

2013 wird Müller von Papst Benedict XVI. weggelobt und zum Chef der
Glaubenskongregation im Vatikan berufen. Sein Nachfolger wird Rudolf Voderholzer,
der sich nicht öffentlich mit Opfern trifft und sie um Vergebung bittet. Ob Ratzinger von
den Vorkommnissen wusste, ist bis heute umstritten. Opferanwalt Ulrich Weber gibt im
Januar 2016 eine Erklärung heraus und erhebt schwere Vorwürfe gegenüber Ratzinger.
Er müsse von den Taten gewusst haben. Demgegenüber behauptet Ratzinger, er habe
nur von *„Ohrfeigen im Rahmen des Üblichen" gewusst."* Dies allein für sich genommen ist
ja schon schlimm genug. Aber Ratzinger behauptet, er habe von den Missbrauchsfällen
nichts gewusst. Inzwischen sind die meisten Fälle verjährt und die mutmaßlichen Täter

---

[60] https://www.deutschlandfunk,de/australisher-kardinal-im-vatikan-karriere-
trotz.886.dehtml?dram:article_id=391935 Stand 14.05.2019
[61] https://www.sueddeutsche.de/panorama/australien-urteil-goerge-pell-
kindsmissbrauch-1.4364455 Stand 14.05.2019
[62] https://www.deutschlandfunk.de/regensburger-domspatzen-zarte-stimmen-hartes-
schweigen.886dehtml?article_id=391249 Stand 16.05.2019

verstorben. Die Taten muten dermaßen monströs an, dass man sie kaum ermessen kann. Deshalb ist es besonders wichtig, dass das Grauen einen Namen erhält. Nur dann haben wir wenigstens die Chance, ein Verstehen zu wagen.

Der Tenor, Schauspieler und Musikerzieher Udo Kaiser erzählt:

„Das ist die Szene gewesen mit Hose runter, Kopf in Schoß und er befriedigt sich an mir und schlägt mich. Wenn Sie nachts ausm Bett geholt werden und der Präfekt führt Sie in sein Zimmer. Und da eben Schlafanzughose runter und dann den Kopf zwischen den Oberschenkeln und wie er dann schön mit seinem erigierten Glied an meinem Hinterkopf reibt. Und wenn Sie das erlebt haben als Kind. Dann fällt Ihnen nichts mehr dazu ein."[63]

Die meisten Kinder hatten nicht den Mut, ihren Eltern von ihren Erlebnissen zu erzählen. Und selbst dann, wenn sie sich überwunden haben, erlebten sie, dass ihre Eltern ihnen nicht glaubten. Wenn Kinder Misshandlungen erleiden müssen, können sie dies eben überhaupt nicht verstehen. Für sie sind Eltern, Lehrer oder andere Autoritätspersonen gut. Deshalb fühlen sie sich schuldig, wenn sie das undenkbare erleben. Sprachlos macht mich, dass das Bistum die Opfer pauschal mit 2.500€ abspeisen wollte.[64] Den Opfern wird nicht geglaubt, sie kämpfen jahrelang mit Depressionen, die Traumata sind bis heute noch nicht aufgearbeitet. Die Kinder werden intim ungewollt berührt und vergewaltigt, sie müssen Prügelattacken über sich ergehen lassen. Sie werden mit dem Stock, dem Siegelring oder dem Schlüsselbund blutig geschlagen. Inzwischen scheint es so, dass die Verantwortlichen bereit sind, die Fälle wirklich zu klären, jedenfalls soweit dies noch möglich ist.

---

[63] https://www.deutschlandfunkkultur.de/missbrauch-bei-den-regensburger-domspatzen-schade-dass-erst.1001.fe.html?dram:article_id=349617 Stand 16.05.2019
[64] ebd.

Kapitel 26: Lothar Franz - Misshandlungen an Männern

Vielleicht ist dieses Thema eines der letzten Tabus unserer Gesellschaft. Männer sind Täter. Dass sie auch Opfer sind, ist relativ unbekannt, wenn man die Weiblichen Opfer als Grundlage nimmt. Welche Gründe hat dies? Nun, ich glaube, dass diese Fälle mit einer „Toxischen Scham" behaftet sind. Was meine ich damit? Vielleicht erinnerst Du Dich, dass Deine Eltern etwas von Dir erwartet haben, Du dies aber eigentlich nicht leisten konntest oder wolltest. Ich erzähle Dir mal ein Beispiel: Ich habe als Kind Klavierspielen gelernt. Natürlich hatte ich dazu überhaupt keine Lust. Jetzt war es aber so und ich sollte jeden Tag üben. Viel lieber wäre ich jedoch mit meinen Freunden zum Fußballspielen gegangen. Aber meine Mutter machte mir so lange ein „schlechtes Gewissen", bis ich eben anfing zu üben. Gerade während dieser halben Stunde konnte ich darauf wetten, dass einer meiner Spielkameraden an unserem Haus vorbeiging und sich über mich lustig machte. Er hatte auch einen wenig schmeichelhaften Spitznamen über mich erfunden. Na ja, auf jeden Fall habe ich mich in Grund und Boden geschämt. Doch wenn ich die Gunst meiner Mutter behalten wollte, musste ich einfach Gehorsam leisten. So hatte ich keine wirkliche Entscheidungsfreiheit. Diese Scham begleitete mich über Jahrzehnte, bis ich sie schließlich aufarbeiten konnte. Diese Scham begleitet auch uns Männer, wenn wir darüber reden dürfen, was uns in unserer Kindheit wiederfahren ist. Eine Scham kann also dann entstehen, wenn wir keine wirkliche Wahl hatten. Es gibt jedoch noch einen zusätzlichen Grund, warum es manchen Männern schwerfällt, zu reden. Dieser Grund hat etwas mit unserer Sozialisierung zu tun. In der Steinzeit haben sich die Männer in ihre Höhle zurückgezogen, und dort sind sie dann geblieben, bis sie eine Lösung für ihr Problem gefunden haben. So ist es den meisten Männern lieber, wenn sie zuerst im „eigenen Saft" schmoren. Erst dann ist ihnen möglich, darüber zu reden – wenn überhaupt. Wenn wir noch tiefer Graben, erinnern wir uns an den Typ der Männlichkeit während dem „3. Reich". Hart wie „Krupp-Stahl" sollte er sein der Deutsche Mann. Kämpfen bis zum letzten Blutstropfen war angesagt, da hatten sentimentale Gefühle einfach keinen Raum. Dies wirkt weiter, bis heute und sexueller Missbrauch gegen einen Mann ist ein Missbrauch seiner Männlichkeit. Im Jahr 2017 legte die britische Juristin Siobhan Weare zwei Studien über missbrauchte Männer vor. Sie hatte eine Onlinebefragung gestartet. 154 Männer, die unter Drohung, Erpressung oder Gewalt von Frauen zum Geschlechtsverkehr gezwungen wurden, äußerten sich. Sie empfanden statt Lust nur Abscheu, fühlten sich jedoch von ihrem Körper betrogen, der mit einer Erektion antwortete. Nur jeder fünfte hatte sich vor dieser Befragung schon mal jemandem offenbart. Nur zwei waren zur Polizei gegangen.[65] Trotzdem gibt es eine Zeitenwende. Öffentliche Diskussionen und Aufklärungen tragen dazu bei, dass immer mehr Männer in die Beratung kommen. In meiner Beratung sind es diese Momente: wenn sich Männer öffnen, wenn sie Gefühle zulassen. Dann läuft es mir kalt über den Rücken hinunter und die Härchen auf meinem Arm stellen sich hoch. Die Kommunikation im therapeutischen Setting ist, wenn ich ganz nach unten

---

[65] https://www.spiegel.de/gesundheit/psychologie/sexueller-missbrauch-warum-maennliche-opfer-oft-a-1199444.html Stand 20.05.2019

herunterbreche „ungewohnt" für den Mann. Da ist ein Mann, der sich einer seit Jahren bestehenden Männergruppe anschließt. Er sagt:

„Ich habe das Gefühl, Ihr sprecht hier eine ganz andere Sprache als ich; ich glaube, ich brauche erst einmal einen Übersetzer."[66]

Die Psychotherapie wird somit für den Mann zum Minenfeld. Sein Bedürfnis nach Kontrolle, der Konkurrenz mit anderen Männern sowie die immer wiederkehrende Vorstellung, allein mit den Problemen fertig zu werden, bedeutet für den Mann eine große Herausforderung. Die jahrelang eingetrichterten Männlichkeitsnormen bis hin zum Macho stehen den Therapieprinzipien gegenüber. Ich erinnere mich an die Beratung mit einem Mann, der es quasi schon für übergriffig fand, dass ich ihn vor der ersten Sitzung nach seinen persönlichen Daten wie Telefonnummer und Anschrift befragte. Nach zwei oder drei Beratungen thematisierte er dies, und ich war glaube ich gelinde gesagt erstaunt. Einige Stunden später war mir klar, dass auch hier ein Machtgefälle deutlich wird, in dem ich der Fachmann und er sich wohl regelmäßig unterlegen fühlte. Ein Gespräch über die Bundesliga-Ergebnisse am letzten Samstag war da schon unverfänglicher. Trotzdem weigere ich mich standhaft, in jedem Versuch des Klienten seine Erlebnisse auf eine rationale Ebene zu projizieren, immer einen Widerstand zu entdecken.

---

[66] „Den Mann zur Sprache bringen" Psychotherapie mit Männern; von Wolfgang Neumann/Björn Süfke 2. Auflage 2004 dgtvt-Verlag.

Kapitel 27: Lothar Franz - GULAG – Strafvollzug in Russland

So zum Beispiel in der Strafkolonie IK-1 in der Provinzstadt Jaroslawl, nordöstlich von Moskau. Ein Video ist aufgetaucht und zeigt einen gefesselten Mann, der von einem Justizvollzugsbeamten mit Gummiknüppeln auf die Fußsohlen geschlagen wird. Dabei treffen ihn auch Faustschläge ins Gesicht. Auch wenn die Täter und ihre Helfer verfolgt werden, zeigt sich hier ein Grundsätzliches Problem in Russland, denn Folter und Gewalt gehören in den russischen Gefängnissen zum Alltag.[67]

Eine Dokumentation von „eins**festival**" beginnt erschütternd.[68] Ich höre jemand schluchzen und weinen. Die Dokumentation hinterlässt Spuren. Ich fühle Trauer, aber auch Wut.[69] Es ist ein Lager zu sehen, in dem Jungen inhaftiert sind. Wie alt sie sind, lässt sich nicht so leicht feststellen, aber ich schätze so etwa 15 bis 17 Jahre. Die Jungen werden interviewt und ich sehe, wie einer dieser Jungen um Fassung ringt. Er will nur noch nach Hause. Die Kamera zeigt einen Schlafsaal, mit 10 Betten, einen Tisch und einen Stuhl. Einer der Jungen öffnet das mit Gittern versehene Fenster. Alles grau in grau, einsam und verlassen. Eine Gruppe von Jungen geht in Reih und Glied durch das Bild, es mögen vielleicht 40 Personen sein. Ich frage mich, was sie getan haben. Es geht um Raub, den Konsum von Drogen bis hin zu Morden. Die ganze Stimmung der Dokumentation ist sehr gedrückt, die Einsamkeit kann man mit Händen greifen. Mehrjährige Haftstrafen sind hier üblich. Welche Not, welche Einsamkeit schaut mich aus Kinderaugen an. Ich frage mich, wie die Zukunft von diesen Jungen aussehen wird. Werden sie in die Schule gehen und einen Beruf erlernen? Eine Kindheit, verloren in den Weiten Russlands. Ich nehme die Hilflosigkeit wahr, befinde mich plötzlich in einem Meer von Tränen. Ich schlucke, mein Mund ist staubtrocken. Ist da niemand, der hilft, der diesen Jungen eine Perspektive schenkt? So bleibe ich nachdenklich zurück.

---

[67] https://www.welt.de/politik/ausland/article180081788/Russlands-Straflager-Wo-Folter-und-Gewalt-Tradition-sind.html# Artikel vom 27.07.2018
[68] Dokumentation: „Das Straflager = Kinderknast in Russland= Doku 2016 zu sehen auf „youtube"
[69] Anmerkung: Nach meiner Therapeutischen Erfahrung ist hinter der Trauer quasi immer die Wut

Kapitel 28: Lothar Franz - Lager in Nordkorea

Nordkorea ist aktuell weitgehend von der restlichen Welt isoliert. Ein Diktator, der wahllos Menschen hinrichten lässt, internationale Ächtung seines Atom-Programms. Das Volk ist bitter arm und wird von morgens bis abends mit der Ideologie des „Führers" beschallt. Fernsehteams werden nur nach langen Verhandlungen ins Land gelassen und müssen sich dann ganz genau an die Vorgaben der Führung halten. Begleitet werden sie oft vom Geheimdienst, es verlassen nur geprüfte Stellungnahmen das Land. Lim Hye Jin ist wohl die einzige Wärterin eines nordkoreanischen Lagers, die fliehen konnte und von den Grauenhaften Bedingungen in diesen Lagern berichten kann. [70] Sie erinnert sich, dass ein Wärter einmal zwei Männer und drei Frauen zu dem Zaun der das Lager abschottet gezerrt hatte, um sie zu erschießen. Begründung: Er behauptete, dass die Gefangenen flüchten wollten. Die Belohnung: Er durfte an einer der Top-Universitäten in Nordkorea studieren. Folter, Hunger und Totschlag gehören zum Lager-Alltag. Gefangene werden wegen Kleinigkeiten halb zu Tode geprügelt, Frauen werden vergewaltigt und die daraus entstehenden Kinder lebendig begraben. Die Menschlichkeit hat keine Chance. Leichen werden einfach auf einen Stapel gelegt, um sie dann nach einer Woche zu verbrennen. Zwei Brüder wollten nach China fliehen, wurden jedoch leider gefasst. Man hat sie vor aller Augen enthauptet und die anderen Gefangenen wurden gezwungen, sie mit Steinen zu bewerfen. Immer wieder gab es Verhöre und eine Frau „nervte" dabei einen Aufseher. Sie musste sich nackt ausziehen und wurde dann angezündet. Schätzungen ergeben, dass in den sechs großen Lagern etwa 200.000 Nordkoreaner inhaftiert sind. In den Schilderungen taucht dann das Wort „lebensunwert" auf und spätestens dann fühle ich mich an die Konzentrationslager im „3. Reich" erinnert. Die Insassen werden gezwungen an sieben Tagen jeweils 16 Stunden lang zu arbeiten. Doch danach ist noch immer nicht Schluss, denn anschließend werden sie in „Umerziehungslager" geschickt. Die Menschenverachtung ist schier unerschöpflich, denn in einer der Minen ereignete sich eine Gasexplosion. Die Wächter werden beschuldigt, dass sie einfach den Eingang zum Stollen verrammelten. Durch diese Maßnahme erlitten 300 Menschen einen qualvollen Tod. So werden systematisch ganze Familien hingerichtet. Die ehemalige Wärterin lebt inzwischen in Südkorea. Das Grauen der Lager wird sie ihr ganzes Leben lang nicht vergessen.

---

[70] https://www.stern.de/politik/nordkorea-ehemalige-waerterin-berichtet-vom-horror-der-arbeitslager-7434030.html Bericht vom 30.04.2018

Kapitel 29: Ego oder Liebe? – Anja Mack

Ich persönlich habe mich für den Weg der Liebe entschieden, denn die Liebe ist die größte Kraft. Was das heißt und was es für mich bedeutet hat, erzähle ich Dir hier:

Den Weg der Liebe, warum gehe ich diesen? Ganz einfach, wenn ich etwas begriffen habe in meinem Leben, war es immer die Liebe zu mir selbst und das Vertrauen in das Leben, welches mich beschützt hat. Die Liebe ist die größte Kraft, sie vermag alles. Nur in Liebe kannst Du Schicksale wie diese verändern und überwinden. Nur mit Liebe kannst Du Hindernisse überwinden. Nur mit Liebe kannst Du wahren Erfolg haben. Nur mit Liebe kannst Du begreifen, wieso Dir das passiert ist. Nur mit Liebe kannst Du verstehen, warum es so wichtig ist, diesen Hass, diese Wut, diese Aggressionen gegen diese Person, die Dich in Deinem Leben eingeschränkt hat, in Frieden loszulassen. Aggression bringt Dich nicht weiter.

Wut bringt Dich nicht weiter im Leben. Hass bringt Dich nicht weiter im Leben. Zerstörung bringt Dich nicht weiter im Leben. Ja, sicher sagst Du, aber anderen Menschen passiert nie etwas. Sie können machen was sie wollen, keiner kommt ihnen dahinter.

Ja, es gibt Menschen, bei denen scheint es, als können Sie sich alles erlauben. Doch glaube mir, dieses Sprichwort hat meine Oma schon zu mir gesagt: „So wie man in den Wald hineinschreit" kommt es zurück. Und so ist es. Denn meistens zerstören sich diese Menschen selbst. Denn sie handeln nicht in Liebe.

Was nützt Dir Macht, Geld, Besitztümer, materielle Gegenstände, wenn Du innerlich leer bist. Übertrage diesen Gedanken nun auf Deinen Stalker, er ist im Grunde genommen leer. Er handelt ungehörig, sucht einen Vorteil, lässt sich zum Zorn hinreißen. Trotze dem Bösen, wenn Du aufstehst und sagst: So Freundchen, das machst Du nicht länger mit mir. Jetzt ist Schluss damit. Wenn Du verstehst, dass es die Liebe ist, die Dich heilt, indem Du die Wahrheit sagst. Indem Du für Dich einstehst und aufhörst, Dich klein machen zu lassen. Dass Du aufhörst, Dich zu belügen. Du darfst Dich erst selbst lieben, annehmen, wie Du bist.

Dann kannst Du alles schaffen. Dann kannst Du auch aushalten, was mit Dir passiert ist. Dann hast Du es nicht nötig, Anerkennung im Außen zu suchen. Zu prahlen, zu wetteifern, Dich aufzublähen oder Sonstiges. Wenn Du Dich liebst und in Liebe handelst (ohne Dein Ego) hältst Du es aus. Du hältst dem stand, kannst offen darüber sprechen, ohne zu urteilen oder gar Deinen Stalker zu verurteilen. Glaube mir, Liebe erträgt es und hört niemals auf. Eher muss der Stalker es aushalten und ertragen, dass Du ihm die Macht entzogen hast. Er hat keine Macht mehr über Dich und je nachdem, wie schwer es ist, kann er Dir leidtun.

Im Grunde, ist er oder sie nur ein kleines Kind, welches auf der Suche nach seiner Mama ist, die ihm sagt, dass sie es liebt. Diese Erkenntnis tut im Nachhinein viel mehr weh, dass jemand keine Liebe erfahren hat, als alles andere. Du kannst es auch in der Geschichte verfolgen, ganze Völker haben sich ausgelöscht, führen Kriege und bringen sich gegenseitig um. Oberflächlich gesehen geht es dabei um Macht, Reichtum, Öl, Anerkennung, Wertschätzung, Frauen, Geld etc...

Das ist nur der Schein, der Dich trügt. Am Ende geht es immer um die Liebe. Überlege Dir einmal: Liebe kann wirklich Berge versetzen. Allein dazu reicht Dir der Glaube an die Liebe. Doch haben die Menschen diese Erkenntnis verloren. Sie versetzen keine Berge.

Getrieben von Hass, Wut, Aggression und Zerstörung, dem Suchen nach Macht, Anerkennung und Bestätigung im Außen und Innen, sind sie alle leer. Man kann sogar an Liebeskummer sterben.
Also unterschätze nie die Macht der Liebe. Du hast es in der Hand, wie Du diese einsetzt. Voller Friedens oder voller Hass. Liebe im Guten, bringt Gutes hervor. Liebe auf die schlechte Art bringt Schlechtes hervor. Umsonst gibt es nicht Sprichwörter wie: „Zeig mir den Charakter eines Menschen und ich zeige Dir, wie er ist." Klingt ganz einfach: Lerne, Dich zu lieben. Doch wieder einmal zeigt sich, die leichten Dinge sind die Schwersten, an denen wir am meisten wachsen können.

Der Weg zur Selbstliebe ist ein jahrelanger Prozess, in dem wir, auch ich, uns wohl als Menschen immer bewegen und ständig daran arbeiten. Lernen und Tun. Immer der gleiche Rhythmus. Lernen und Tun. Lernen und Tun.

Ein Lied über das Wichtigste: die Liebe[71]

Ohne Liebe geht gar nichts! Selbst wenn ich perfekt alle Sprachen, die es auf der Welt gibt, sprechen könnte, auch die Sprache der Engel, aber in alldem, was ich darin reden würde, wäre keine Liebe, dann wären meine Worte wie Müll, sie wären ohne Bedeutung, hohl und leer.

Selbst wenn ich in einer Tour prophetische Worte von Gott bekommen würde, wenn er mir alle geheimen Fragen über die Welt beantwortet hätte und ich so ein Vertrauen auf Gott haben würde, dass Berge auf mein Gebet hin verschwinden, aber ich würde all das ohne Liebe tun, dann wäre das immer noch nichts, es würde nichts bedeuten.

Und selbst wenn ich alles, was mir gehört, an Obdachlose und Penner verschenken würde, ja selbst wenn ich mein Leben für andere riskieren und dabei sterben würde, ich würde das nicht aus Liebe machen, es wäre für die Tonne und umsonst.

---

[71] 1. Korinther 13 nach der Übersetzung: „Die Volxsbibel" von Martin Dreyer Pattloch Verlag/Volxbibel-Verlag

Liebe ist entspannt, sie mag Menschen, sie ist nett zu Leuten. Neid ist für sie ein Fremdwort, sie sieht nicht von oben auf andere runter, angeben hat sie nicht nötig und sie markiert auch nie den dicken Macker.

Liebe will Leute nie fertigmachen, und sie will auch nicht das fetteste Stück vom Kuchen haben. Die Liebe lässt sich nicht so schnell aus der Ruhe bringen, und sie verzeiht, wenn man link zu ihr war.

Sie hat keinen Bock drauf, wenn jemand abgelinkt und ungerecht wird. Sie feiert, wenn die Wahrheit siegt und alles korrekt zugeht.

Die Liebe ist nicht totzukriegen, sie hört nie auf zu vertrauen, sie verliert nie die Hoffnung, sie hört nie auf zu vertrauen, sie verliert nie die Hoffnung, sie übersteht jede Krise.

Prophetische Worte von Gott, die Fähigkeiten in fremden Sprachen zu reden, das Wissen – das alles wird mal vorbei sein. Aber die Liebe wird nie zu Ende sein, sie hält durch und gibt nicht auf.

Bis jetzt haben wir nur wenig kapiert, und auch unsere Fähigkeit, prophetische Worte zu bekommen, ist sehr begrenzt.

Wenn es aber abgeht und Gottes neue Zeit voll da ist, dann wird es keine halben Sachen mehr geben.

Als Kind war ich in meiner Denke ein Kind, ich beobachtete und bewertete die Welt aus dieser Perspektive. Als ich dann aber erwachsen wurde, wollte ich kein Kind mehr sein.

Aus jetziger Sicht ist uns vieles noch unklar, wir verstehen Sachen nicht, fast so, als wären wir benebelt. Aber irgendwann werden wir Gott deutlich vor uns sehen und dann wird uns vieles klar werden. Was ich bis jetzt verstanden hab, ist unvollständig, dann werde ich aber den totalen Durchblick haben, so wie Gott jetzt schon den totalen Durchblick hat.

Die Sachen, die immer bleiben werden, sind der Glaube, die Hoffnung und die Liebe. Am fettesten kommt aber die Liebe, sie steht über Allem.

Hinweis

Wir haben dieses Buch nach bestem Wissen und Gewissen geschrieben. Es enthält ausschließlich unsere persönliche Meinung und Anmerkungen zum Thema Stalking. Es erzählt Anjas persönliche Geschichte, die sie erlebt hat und die auf einer wahren Begebenheit beruht.

Bitte habe Verständnis dafür, dass aufgrund der Geschichte und aufgrund der Privatsphäre aller beteiligten Personen, alle Namen geändert wurden.

Die in diesem Buch enthaltenen Angaben, Ergebnisse, erteilten Ratschläge, Dosierungsanleitungen etc. wurden ebenfalls nach bestem Wissen und Gewissen verfasst, erstellt und sorgfältig geprüft. Da inhaltliche Fehler trotzdem nicht völlig auszuschließen sind, erfolgen diese Angaben ohne jegliche Verpflichtung des Verlages oder von uns als Autoren.

Beide übernehmen daher keine Haftung für eventuelle Unrichtigkeiten oder Sonstiges.

Liebe Anja, ich bewundere Deinen Mut, Deine Stärke und Deine Liebe. Danke, dass Du Deine Geschichte erzählt hast. Ich bin froh, Dich zu kennen. Die Liebe ist der einzige Weg – und hier stimmt: IMMER

Zeitfracht Medien GmbH
Ferdinand-Jühlke-Straße 7
99095 Erfurt, Deutschland
produktsicherheit@kolibri360.de